海外相続ガイドブック 三訂版

ガイドブック

プランニングおよび相続実務における Q&A66

三菱UFJ信託銀行 MUFG相続研究所　主任研究員　　　三輪　壮一　　　[著]
三菱UFJ信託銀行 MUFG相続研究所　主任研究員　　　住田　哲也

パーキンズ・クーイ法律事務所 パートナー　ワシントン州弁護士　鈴木　あかね　　[監修]
東京ヘリテージ法律事務所 弁護士・ニューヨーク州弁護士　　　　中田　朋子

株式会社 きんざい

はじめに

　改訂版（第2版）の出版から4年半以上が経ちましたが、お蔭様で本書は引き続き多くのお客さまにご購入いただいているようです。著者の一人として非常に嬉しく思います。

　さて、この4年半の間に、様々な事象が発生しましたが、それらは、特に米国での相続手続きや税務に対し、必ずしもよい影響を与えるものではなかった、と感じています。具体的には、①**コロナ禍による相続手続きの遅延**、②**相続手続きに対する米国金融機関の慎重姿勢（特に米国に居住していない外国人の相続手続きに対して）**、③**日本の銀行による外国払小切手の取立業務終了**、といった事象です。

　第一に、**世界各国がコロナ禍に見舞われたこと**です。特に米国は、感染者数の累計が3,400万人を超え、死者数の累計も60万人を超える（2021年7月21日現在）という、世界でワーストの状況となっています。このコロナ禍で、米国では米国人の相続手続きが急増するとともに、多くの人が在宅勤務を余儀なくされたこともあって、特に裁判所や税務当局、金融機関などの対応に、より多くの時間がかかる結果となりました。「米国の相続手続きが、待てども待てども一向に進まない」といった事態が生じるようになったのです。

　第二に、特に**米国の金融機関が、日本居住の日本人（米国に居住していない外国人）の相続手続きに対し慎重姿勢を強めている**、と感じられることです。少額の銀行預金に対し、「米国税務当局（IRS）の証明書を提出しなければ口座解約に応じない」といった対応が目立つようになってきた、と感じています。この証明書は、米国の税法上不要なものですが、税法の条文を示して解約を依頼しても、なかなか応じてくれない事例が続きました。

　第三に、米国からの相続財産（資金）は小切手で支払われることが多く、せっかく苦労して資金回収に至っても、小切手の資金化が思うように進まない、といった事態が生じたことです。これは、**日本の銀行が外国払小切手の取立業務を終了した**からです。

今回の改訂では、こうした最近の事情について、それぞれコラムで取り上げてみました（コラム２、３、４参照）。また、**「米国の金融機関に国際電話をかけて手続きを進めることの難しさ」**や**「米国の信託と日本の信託の比較」**（特に税制面の比較と日本の信託税制の課題）についても、コラムで取り上げてみました（コラム１、７参照）。

　さらに、今回の改訂では、**米国および日本について、令和３（2021）年度の税制改正をそれぞれ反映しました。**特に日本の税制改正では、令和３（2021）年分以降の所得税の計算において、国外中古建物の減価償却費を計上できなくなり、**「国外中古物件を使った節税対策」ができなくなったこと**が挙げられます。

　このほか、皆様からいただいたご質問や貴重なご意見を踏まえて、記述の修正や加筆を行うとともに、各種データや書式のアップデートも行いました。

　なお、本書は、初版や改訂版と同様、海外、特に米国を中心に財産を保有されている日本居住の日本人の方々からのご質問に回答する形式で書いております。したがって、**日本の税務当局による海外財産の把握や課税強化の動き、海外の相続手続き、特に「プロベイト」と呼ばれる裁判所が関与する手続き、そして相続に係る日米の税務**について、引き続き多くのページを割いて説明しております。

　一方、海外に居住されていて日本と海外の双方に財産をお持ちの日本人の方々（あるいはその地で永住権や外国籍を取得された方々）や、日本に財産をお持ちの外国人の方々に関するご質問、その他海外に係る相続手続きの諸問題についても、引き続き章を設けて説明いたしました。

　特に、最近ご質問の多い問題は、**米国に居住されているご相続人が、相続で日本から財産を受け取る場合の、米国税務当局への報告義務（Form 3520）等に関するものです。**これらの報告を怠ると、多額のペナルティが課せられるおそれがありますが、ご存知でない方も見受けられます。そこで、新たにQ&Aを設けて、その報告義務について概要を説明いたしました。

　最後に、日本で電子遺言の作成について検討される場合に参考になるかと

考え、コラム5および参考資料3として**「米国の電子遺言書法（Electronic Wills Act）の登場」**を掲載しました。米国ではコロナ禍の影響を受けて、電子媒体による遺言の作成・署名・公証を認める動きが増えてきているのです。また、同法を採用していない州においても、コロナ禍への緊急対応として、**電子媒体による公証手続き**を認める動きも出てきています。

　本書は、執筆時点である令和3（2021）年7月時点の情報に基づき解説をしております。各種制度は今後も改定される可能性があるため、実際に具体的な対応を検討される際には、必ず弁護士、税理士などの専門家に個別にご相談ください。

【著者】

三輪　壮一（みわ　そういち）（三菱UFJ信託銀行 MUFG相続研究所 主任研究員）

昭和31（1956）年生まれ、同55（1980）年三菱信託銀行（現三菱UFJ信託銀行）入社。

米国税理士、欧州経営大学院（INSEAD）経営学修士（MBA）取得、1級ファイナンシャル・プランニング技能士、日本証券アナリスト協会検定会員。

海外支店（シカゴ支店、香港支店）の勤務を経て、現在は米国を中心とした海外相続・海外遺言等に係る調査・研究や相談業務に従事している。

主な講演は、日本証券アナリスト協会「プライベート・バンカーのための補完セミナー」（2013年および2014年）およびTKC全国会資産対策研究会（2014年）などである。

住田　哲也（すみた　てつや）（三菱UFJ信託銀行 MUFG相続研究所 主任研究員）

昭和56（1981）年生まれ、平成16（2004）年三菱信託銀行（現三菱UFJ信託銀行）入社。

1級ファイナンシャル・プランニング技能士、宅地建物取引士。

国内営業店・本部の勤務、米国のUnion Bank（現MUFG Union Bank）における実地研修や三菱UFJモルガン・スタンレーPB証券（現三菱UFJモルガン・スタンレー証券）の勤務を経て、現在は米国を中心とした海外相続・海外遺言等に係る調査・研究や相談業務に従事している。

【監修者】

鈴木　あかね（すずき　あかね）（パーキンズ・クーイ法律事務所 パートナー　ワシントン州弁護士）

平成11（1999）年ワシントン大学ロースクール法務博士（J.D.）取得、同12（2000）年ニューヨーク大学ロースクールより税法の法学修士号（LL.M.）取得、同年ワシントン州弁護士登録。以後、主に相続・贈与・プロベイト・トラストを中心とした法律業務に従事。アメリカ国外に居住する米国籍者や、

アメリカに住む日本人やその他の外国籍者などを対象に、国際相続案件を20年以上扱っている。2020年3月に米国Am Law 50トップ法律事務所として知られる上記事務所に移籍。Best Lawyers of America, Super Lawyers, Chambersなど米国および国際トップ弁護士リストに連年選出され、米国内外で数多くの講演を行っている。相続法弁護士団体でも活動しており、Society of Trust and Estate Practitionersのシアトル支部の創設者の一人であるほか、The International Academy of Estate and Trust LawやThe American College of Trust and Estate Counsel（ACTEC）に属し、現在はACTECのワシントン州部長を務めている。

中田　朋子（東京ヘリテージ法律事務所 弁護士・ニューヨーク州弁護士）
昭和47（1972）年生まれ、平成9（1997）年判事補任官（東京地方裁判所）、同12（2000）年弁護士登録（第二東京弁護士会）、同13（2001）年ニューヨーク大学ロースクール法学修士号（LL.M.）取得、ハーバード大学ロースクール客員研究員、同14（2002）年ニューヨーク州弁護士登録、以降は日本の金融機関の相続関連業務（遺言作成・遺言執行・遺言がない場合の遺産整理等）のアドバイスや、主に相続に関する紛争案件に従事している。平成27（2015）年3月には米国の信託・相続専門の弁護士団体The American College of Trust and Estate Counsel（ACTEC）のInternational Fellowおよび同29（2017）年4月には世界の相続・信託専門の法律家団体The International Academy of Estate and Trust LawのAcademicianに選ばれ、同年9月には慶應義塾大学大学院法務研究科 平成29年度専門法曹養成プログラム（専修）租税法を修了。海外弁護士とのネットワークおよび相続税の知識を活かし、外国人の遺言作成やグローバルな観点からの生前プランニング、海外財産の相続手続きなどの国際相続業務を行っている。令和2（2020）年12月には国際相続を専門とする東京ヘリテージ法律事務所を設立。
主な著書（共著）は「世界の相続専門弁護士・税理士による 国際相続とエステート・プランニング」（平成29（2017）年、税務経理協会）、「弁護士・

信託銀行員がズバリ教える ないと困る遺言 あっても困る遺言」（平成24
（2012）年、きんざい）、主な論稿等は、「米国における相続預金の法制度及
び実務－遺言代用商品の発展－」（金融法務事情2030号22頁）、「信託セミナー
改正相続法とこれからの相続関連業務」（会報「信託」280号（2019年11月号））、
主な講演は、国際法曹団体〔International Bar Association（IBA）〕の東京
大会（2014年）およびウィーン大会（2015年）、米国法曹協会〔American
Bar Association（ABA）〕の国際法セクションの秋季東京大会（2016年）、
ニューヨーク州弁護士会〔New York State Bar Association（NYSBA）〕の
東京大会（2019年）などである。

目　次

第4章　生前対応～よりスムーズな承継に向けて

1．生前に考えるべきこと（生前対応の留意点）

2．遺言書、生前信託、委任状

第5章　海外財産に係る遺言書
〜海外の遺言書と日本の遺言書について

1．海外遺言書作成のメリット

第6章 生前信託～日本ではあまり知られていない生前対応

1. 生前信託設定のメリット

第７章　海外財産に係る税務

１．誰が税金を支払うのか

２．海外（米国）財産に対する現地での税金について

第8章　海外居住者・外国籍者からの相続に係る質問

１．海外居住者の日本人が直面する諸問題

２．相続人が海外居住者や外国人（外国籍保有）の場合

―― **本書の留意事項** ――

● 意見に当たる部分は著者や監修者の見解であり、三菱UFJ信託銀行・MUFG相続研究所の見解を代表するものではありません。

● 一般的な知識を説明したものであり、特定の商品などの勧誘を目的とするものではありません。

● なるべく分かりやすくするため、大幅に省略・簡略化した表現としています。

● 事例は、様々な実例を参考にして新たに創作したものであり、実際のものとは異なります。

● 個別的な事情が異なると結論も異なることとなります。個別具体的な案件や法令・税制等の適用については、弁護士・税理士などの専門家にご相談ください。

● 令和3（2021）年7月31日現在公布されている法令・税制等に基づいて記載しており、法令・税制等は変更になる可能性があります。

● 掲載されている情報や内容を利用することで生じたいかなる損害および問題についても、著者、監修者および三菱UFJ信託銀行、MUFG相続研究所、株式会社きんざいは一切の責任を負いません。

第1章

総　論

1.「海外相続リスク」という問題

Q1 海外財産の保有で考えるべきこと
海外に財産を持つことのメリットは何ですか。また、どのようなリスクがあるのでしょうか。

A 日本の金利の低さ、税金の高さ、地震などの自然災害のおそれ、財政不安などを考慮すると、海外に財産を持つことは分散投資の観点からメリットがあると考えられます。

　一方、海外に財産を持つリスクとしては、一般的にいわれている、為替リスク、カントリーリスク等のほか、「海外相続リスク」という問題があることに留意する必要があります。この相続リスクは、特に見落とされがちですが、事前の備えがない場合、いざというときに、ご家族が苦労することになりかねません。また、海外財産の保有に対して、近年日本の税務当局は課税強化の動きを強めていますので、海外財産の保有に関する日本の税務についても正しい知識と対応がますます重要になってきています。

解　説

　残念ながら、これまで日本は魅力的な投資対象国とはいいにくい状況でした。高い金利収入や配当は期待できません。また、税金（所得税・贈与税・相続税など）は諸外国と比べて高いといわれています。国の財政状態も悪化しており、老後の不安が高まっています。その上、平成23（2011）年3月の大震災に起因した原発被災による放射能汚染の懸念、電力不足の不安と電気料金の値上げ、平成28（2016）年4月に発生した熊本地震や、平成30（2018）年より毎年のように発生している豪雨災害、そして将来起こるといわれている南海トラフ巨大地震の恐怖、加えて円高により電機産業をはじめとした国内産業への打撃が続いた時期があり、日本経済を率いる新たな産業が育たない環境等々、なかなか日本の将来に希望が持てない状況が続いてきました。

このような中で、円高を背景に、海外、特に香港やシンガポールなどのアジア諸国や米国に財産を移す動きが見られました。より高い金利や配当利回り、税金の安さ（贈与税・相続税を廃止している国もあります）、少ない年金でも十分に生活できる物価水準、地震や津波などの自然災害の心配が少ないなど、海外への投資や移住は、意味のあることと思われます。

　しかしながら、海外に財産を持つ、あるいは移住することは、相応のリスクも伴います。すぐに思いつくものとしては、為替リスク、カントリーリスク、移住の場合は、さらに治安・医療・教育に対する懸念などがあり、また、忘れてはならないのが「**海外相続リスク**」の存在です。

　海外財産の相続については、国や地域によって法律も多様であり、場合によっては遺されたご家族に相当の負担をかけることになりかねません。日本の相続手続きでもそれなりの負担があることを考えれば、言葉や考え方が異なる国での手続きがどれほど大変かは容易に想像できることと思います。後述しますが、相続手続きは財産の単なる名義変更に留まらず、その国独自の裁判手続きまでもが必要になる可能性があります。

　また、海外財産を相続した際に、海外で税務申告が必要な場合があります。海外に財産を持つ日本人の場合、その多くが、日本のみならず、海外でも相続税（あるいはそれに相当する税）の申告・納付が必要になることもあるでしょう。

　このように、海外相続では、事前の知識がない方が直面する場合、限られた時間内で対応しきれず、もし正しい対応ができなければ、最悪、海外財産の相続を諦めざるをえないということも十分想定されます。

　さらに、**Q3〜Q6**でご説明するように、近年日本の税務当局は海外財産の把握と課税強化に関わる改正を立て続けに行ってきました。海外財産保有に関する日本の税務についての正しい知識と対応が、従来よりも重要となってきているのです。

Q2 海外相続の問題点
海外の相続手続きは日本の相続手続きよりも面倒だと聞きましたが、何が面倒なのでしょうか。

A 海外の相続手続きは、現地の金融機関や専門家（弁護士・会計士など）と、外国語でやり取りする必要があるほか、海外相続特有の手続き（本人確認のための公証手続きなど）が必要となり、日本の相続手続きよりもご家族の負担が大きいものとなります。また、後述するプロベイト（Probate）が必要となる場合、負担感はさらに増えかねません。

解　説

　海外での相続手続きが行われる場合、ご家族には次の（1）～（4）の負担がかかってくることが考えられます。また、海外の相続手続きが、**プロベイト（Probate）** と呼ばれる裁判手続きとなる場合は、さらに負担が増すことになります。プロベイトについて詳しくは、**Q8** および**Q10**で説明します。

（1）外国語によるコミュニケーションや時差

　多くの場合、時差の問題をかかえながら、現地の金融機関、弁護士、会計士などと外国語でコミュニケーションをとる必要が生じます。相続手続きに係る専門用語およびその知識が必要となるため、語学力を含め、かなり高度なコミュニケーション能力が求められます。「コラム1」（P.8）で触れるように、特に米国の銀行や証券会社は、手続きの担当者の氏名や連絡先を知らせず、フリーダイヤルの電話番号に国際電話をかけさせる形を取る場合が多く、電話がたらい回しにされるなど、苦労が絶えません。

（2）海外相続特有の手続き

❶日本では通常行われることのない手続き（例：本人確認のための「公証」（Notary））を要求されることがある

　本人確認書類の例で見てみましょう。日本では本人確認書類として印鑑証明書が使われますが、海外のほとんどの国では、印鑑ではなく署名（サイン）が用いられるため、日本の印鑑証明書はまず通用しません。そのため、海外に提出する書類の署名について、本人が署名したことを証明する公証と呼ばれる本人確認手続きを求められる場合があります。公証については、該当国の在日大使館や領事館における公証を求められることがありますが、一般の日本人にはなじみのない手続きであり、心理的に大きな負担であると感じる人も多いようです。なお、公証について詳しくは**Q19**で説明します。

❷日本では用意できない書類の提出を求められることがある

　例えば、米国の金融機関に相続手続きを依頼する場合、先方は、日本でも米国と同様プロベイト手続きがあるものと考え、裁判所による人格代表者の任命書や人格代表者による署名の提出を求めてくることがあります（人格代表者とは、裁判所の任命を受けて遺産の管理、相続手続きおよび税務申告などを行う人あるいは法人のことをいいます。詳しくは、**Q8**、**Q10**、**Q16**を参照）。このような場合、日本にはプロベイト手続きがなく、人格代表者は任命されないこと、相続手続きは遺言書または相続人の合意（遺産分割協議書）により行われることなどを、英語で説明し、理解してもらわなければなりません。これは非常に大変な作業であり、英語に堪能で現地の相続手続きにも精通している弁護士に依頼しなければならない場合もあるでしょう。

❸日本では不可能な手続きを要求されることがある

　例えば、相続財産が株式の場合、名義変更や売却手続きにおいて、米国

ではメダリオン（Medallion Signature Guarantee、署名保証）という耳慣れない手続きが必要となる場合があります。米国の名義書換代理人は、署名偽造などに伴う損失を防ぐために特定の金融機関等による署名保証を求めるのです。

　メダリオンは、銀行や証券会社などの米国内の加盟金融機関によるものに限られており、公証人や米国大使館による署名の認証では足りないとのことです。米国の銀行などに口座を持っていない日本人にとって、署名保証を得るのは至難の業といえます。

　メダリオンについて詳しくは、**Q20**で説明します。

（3）適切な専門家の確保

　海外にある財産は、一般に現地の相続税（あるいはそれに類似する税金）および日本の相続税の両方の対象となる場合が多く、現地と日本の双方の税務に詳しい税理士・会計士などの専門家と十分に相談しながら手続きを進めることが必要となります。しかしながら、実際には双方の税務に精通した税理士を確保するのはなかなか容易ではありません。また、税務以外の手続きにおいても、相続手続きの実務に精通した（できれば日本語で対応してくれる）現地の弁護士などを確保することが望ましいのですが、これもなかなか難しいといえます。

（4）日本と海外の双方に係る相続手続き・税務申告の並行作業

　日本のほか、海外にも財産を持つ人の相続手続きは、日本と海外で同時に進めていくことが必要となります。

　税務手続きも同様で、それぞれの国の申告・納付期限までに滞りなく行う必要があります。例えば米国の場合、米国の遺産税（日本の相続税に当たるもの）の申告・納付は相続開始後9カ月以内、日本の相続税の申告・納付は相続開始後10カ月以内となります。

　申告に際しては、例えば日米相続税条約による遺産税控除額の特例計算や、

外国税額控除の適用を受けられる場合もあります。これらの適用を受けるためには、日本と海外の税理士・会計士などが連携して手続きを進める必要があります。外国税額控除については、**Q58**で説明します。

米国の金融機関に国際電話をかけるのは大変！

　米国の金融機関の相続手続きでは、日本の金融機関のように担当者の氏名や連絡先が知らされることはほとんどない、と言ってよいでしょう。しかも、相続人本人からの問い合わせにしか回答しない例がほとんどです（代理人は原則不可！）。したがって、相続人ご本人がフリーダイヤルの電話番号に、時差を気にしながら英語で国際電話をかけなければなりません。

　しかも電話に出る担当者は、米国人でない預金者等の相続手続きに慣れておらず、なかなか要件が伝わらず、また何度もたらい回しにされるケースがあります。

　実際、ある案件では、ご相続人である奥様が、英語を少し話すご長女様の助けを借りながら勇気を出して国際電話をしてみましたが、話が通じず、ほとほと困り果てていました。

　そこで、奥様に、米国の時間に合わせて朝早く事務所にお越しいただき、私がサポートしながら電話をかけてみました。

　まず、奥様に「亡くなった主人の口座の相続手続きをしたい。自分は妻であり相続人であるが、英語に自信がないので信託銀行の担当者に代わりたい」といった英文を電話口で読んでいただき、私が代わって英語で話しました。しかしながら、電話に出た担当者が、外国人の相続手続きに慣れておらず、最終的に手続きの内容を確認するまでに小一時間かかる結果となりました。電話口では、先方担当者の「ため息」まで聞こえてきました。「終業近くに、面倒な客につかまってしまった」といった様子がありありと分かりました。

　「これで口座の解約が終わり、資金が日本の銀行口座に振り込まれる」と考えていたところ、1週間以上経ってもなかなか資金が入ってきません。そこで、再度奥様に朝早くお越しいただいて電話をしたところ、「口座解約手

続きには別の部署の承認が必要だった。そこに電話をして欲しい」とのこと。結局、教えられた電話番号に再度電話し、また一から説明を行うこととなりました。

　米国の金融機関は、「フリーダイヤルでの電話対応」を顧客サービスの一環と考えているようですが、日本人の相続人にとっては大変な難関になりかねないのです。

Q3
⑴調査体制の強化と税法・制度の整備
海外財産の保有に対し、日本の税務当局は課税強化に努めていると聞きましたが、具体的にはどのような対応を取っているのですか。

A
日本の税務当局は、海外財産に対する調査体制を充実させるほか、税法や制度を整備して、海外財産の把握や課税強化に努めてきました。そのため、海外財産を保有する場合には、日本の税務当局の対応に注意する必要があります。

解 説

　近年、日本の税務当局は、富裕層による海外財産の所有や海外取引に対する対応を強化してきました。例えば、海外財産に対する調査体制を整えるとともに、租税条約の締結により海外の税務当局との情報交換を積極的に行うようになりました。また、税法や制度を整備して、海外財産の把握や課税強化にも努めてきました。国税庁は、平成28（2016）年10月25日に、これまでの取組みと今後の方向性についてまとめた「国際戦略トータルプラン」を公表しました。このプランをみると、海外財産の把握や課税強化に対する国税庁の並々ならぬ決意を感じることができます。「海外に財産を移せば、税務当局も分からないだろう」といった時代は終わった、といっても過言ではない、といえるでしょう。

　以下、最近の税務当局の動きについて概要を説明します。

❶国際課税に係る調査体制の充実化

　日本の税務当局は、平成26（2014）年に、東京・大阪・名古屋の各国税局に重点管理富裕層プロジェクトチーム（富裕層PT）を設置し、平成29（2017）

年７月からは全国12の国税局／事務所に拡大するなど調査体制を強化するとともに、海外財産に係る所得税・相続税等に関する調査を積極的に推進してきました。

　以下は、海外財産に関する調査についてのグラフです（国税庁が公表している調査状況の資料を基に作成）。海外財産に係る申告漏れ等の非違件数が増加傾向にあることがお分かりいただけるかと思います。

〔図表１－１〕海外資産に係る調査事績の推移

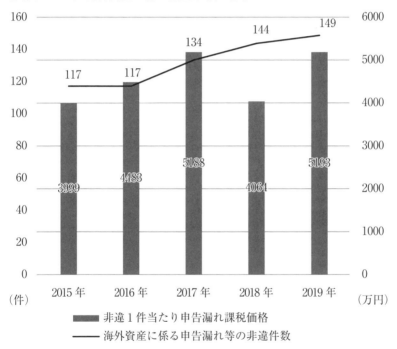

出所：国税庁の公表資料に基づき作成

　また、租税条約の締結を推進し、海外の税務当局との情報交換を拡大してきました。特に、平成23（2011）年には、香港、バハマ、ケイマン諸島等と

の租税条約が発効したほか、スイスとの間で情報交換規定の新設を内容とする租税条約の改正が行われました。その結果、日本の税務当局は、条約相手国等に対する情報収集・提供の要請を積極的に行ってきました。

　令和3（2021）年7月1日現在、79条約等、144カ国・地域と租税条約を締結しています。

　最新情報は、財務省のホームページでご確認ください。

https://www.mof.go.jp/tax_policy/summary/international/tax_convention/index.htm

　さらに、「金融口座情報の自動的交換制度」の導入に伴い、日本の居住者が海外に保有する金融口座の情報が、平成30（2018）年9月から、外国の税務当局から日本の国税庁に自動的に提供されることになりました。この「金融口座情報の自動的交換制度」については、**Q5**をご参照ください。

❷税法や制度の整備

　日本の税務当局は、武富士事件（「事例研究」（P.152）を参照）などを契機に、日本の贈与税・相続税の課税対象範囲を拡大してきました。今や、財産を渡す人（贈与者や被相続人など）が日本の居住者であれば、財産を受け取る人（受贈者や相続人など）の居住地や国籍に関係なく、国外財産は原則として日本の贈与税・相続税の課税対象となりました。

　なお、令和3（2021）年度の税制改正では、外国人の人材のさらなる日本での就労等を促進するため、出入国管理及び難民認定法別表第一（在留資格）の上欄の在留資格を有する「被相続人等」の日本居住期間の制限がなくなり、当該被相続人等が10年超国内に居住していたとしても、「国内財産のみ」を贈与税・相続税の課税対象として、「国外財産」は課税されないこととなります。

〔図表1－2〕日本の贈与税・相続税の課税対象となる財産の範囲

令和3（2021）年4月1日以降に贈与・相続により取得する財産に係る贈与税・相続税について適用

贈与者 被相続人 ＼ 受贈者 相続人		国内に住所あり		国内に住所なし			
			一時居住者（注1）	日本国籍あり		日本国籍なし
				10年以内に国内に住所あり	10年以内に国内に住所なし	
国内に住所あり		■	■	■	■	■
	外国人（注2）	■	□	■	□	□
国内に住所なし	10年以内に国内に住所あり	■	■	■	■	■
	外国人（注3）	■	□	■	□	□
	10年以内に国内に住所なし	■	□	■	□	□

　上記表中、■の区分に該当する受贈者／相続人が贈与／相続により取得した財産については、国内財産および国外財産に関わらず全て課税対象になります。

　□の区分に該当する受贈者／相続人が贈与／相続により取得した財産については、国内財産のみが課税対象になります。

（注1）「一時居住者」とは、贈与／相続のときにおいて在留資格（出入国管理及び難民認定法別表第一の上欄の在留資格をいいます）を有する人で、その贈与／相続前15年以内に日本国内に住所を有していた期間の合計が10年以下である人をいいます。

（注2）贈与／相続のときにおいて上記在留資格を有する人で、日本国内に住所を有していた人をいいます。

（注3）贈与／相続のときにおいて日本国内に住所を有していなかった贈与者／被相続人であって、その贈与／相続前10年以内のいずれかのときにおいて日本国内に住所を有していたことがある人のうちいずれのときにおいても日本国籍を有していなかった人をいいます。

出所：国税庁ホームページの資料を基に作成

　また、「国外財産調書制度」の導入（平成24（2012）年度の税制改正）、「国外転出時課税制度」の導入、「財産および債務の明細書」の見直し（平成27（2015）年度の税制改正）など、国外財産の把握や課税の強化を図っています。これらの対応については、**Q4**をご参照ください。

Q4 ⑵海外財産の把握・課税強化に向けた制度の整備
海外財産の保有に対する日本の税務当局の対応強化について、Ｑ３以外にどのような動きがありますか。

A 近年、日本の税務当局は、海外財産の把握と課税強化を目的とした様々な改正を立て続けに行ってきました。その主なものは、「国外財産調書制度」や「国外転出時課税制度」の創設および「財産及び債務の明細書」の改定、国外中古建物の不動産所得に係る損益通算等の制限の開始です。

解　説

　Ｑ３でもご説明したように、近年、日本の税務当局は、海外財産の把握と課税強化を目的とした改正を次々と行ってきました。平成25（2013）年12月31日からの「国外財産調書制度」の開始、平成27（2015）年７月１日からの「国外転出時課税制度」の開始、令和３（2021）年分以降の所得税計算における国外中古建物の不動産所得に係る損益通算等の制限などです。日本の税務当局が、「海外財産の保有の捕捉」に特に力を入れていることが分かると思います。

　それぞれについて見ていきましょう。

❶「国外財産調書制度」

　平成25（2013）年より、毎年12月31日時点で、日本国外に保有する財産の価額の合計が5,000万円を超える日本の居住者（非永住者を除く）は、その国外財産の種類、数量、価額等を翌年の３月15日までに納税地等の所轄税務署に報告することが義務付けられたものです。調書に記載する財産の価額は、原則として「時価」または時価に準ずるものとして「見積価額」によることとされています。

虚偽記載や故意の不提出があった場合は、１年以下の懲役または50万円以下の罰金という罰則規定があり、実際、海外に不正資金を隠した所得税ほ脱事案で、国外財産調書を提出しなかったとして、令和元（2019）年７月に、京都市の男性が初めて所得税ほ脱犯と併せて告発されました（国税庁「令和元年度　査察の概要」）。

　また、同調書の提出を促すために、次のような措置が取られています（以下(1)〜(3)国税庁ホームページより引用）。

(1)　国外財産調書の提出がある場合の過少申告加算税等の軽減措置

　　国外財産調書を提出期限内に提出した場合には、国外財産調書に記載がある国外財産に係る所得税及び復興特別所得税（以下「所得税等」といいます。）又は国外財産に対する相続税の申告漏れが生じたときであっても、その国外財産に関する申告漏れに係る部分の過少申告加算税又は無申告加算税（以下「過少申告加算税等」といいます。）について、５％軽減されます。

(2)　国外財産調書の提出がない場合等の過少申告加算税等の加重措置

　　国外財産調書の提出が提出期限内にない場合又は提出期限内に提出された国外財産調書に記載すべき国外財産の記載がない場合（重要なものの記載が不十分であると認められる場合を含みます。）に、その国外財産に係る所得税等又は国外財産に対する相続税の申告漏れ（死亡した方に係るものを除きます。）が生じたときは、その国外財産に関する申告漏れに係る部分の過少申告加算税等について、５％加重されます。

(3)　国外財産調書に記載すべき国外財産に関する書類の提示又は提出がない場合の過少申告加算税等の軽減措置及び加重措置の特例

　　国外財産に係る所得税等又は国外財産に対する相続税の調査に関し修正申告等があり、過少申告加算税等の適用のある方がその修正申告等の日前に、国外財産調書に記載すべき国外財産の取得、運用又は処分に係る書類として財務省令に定める書類（電磁的記録や写しを含みます。）の提示又は提出（以下「提示等」といいます。）を求められた場合に、その日から

60日を超えない範囲内で、提示等の準備に通常要する日数を勘案して指定された日までに提示等がなかったとき（提示等をする方の責めに帰すべき事由がない場合は除きます。）は、次のような特例措置が設けられています。

① 上記(1)の過少申告加算税等の軽減措置は、適用しない。

② 上記(2)の過少申告加算税等の加重措置については、加算割合を5％から10％とする。

国外財産調書制度の詳細については、国税庁のホームページをご参照ください。

https://www.nta.go.jp/publication/pamph/hotei/kokugai_zaisan/index. htm

❷国外転出時課税制度

平成27（2015）年7月1日以降に**国外転出**（国内に住所及び居所を有しないことになること）する一定の居住者（原則として、国外転出をする日前10年以内に日本に5年超居住）が時価1億円以上の有価証券等を所有している場合には、国外転出時にその有価証券等を時価で譲渡したものとして、その含み益に所得税等が課税されることになったものです。

また、時価1億円以上の有価証券等を所有している一定の居住者から、国外に居住する親族等（非居住者）への**贈与、相続または遺贈**によりその対象資産の一部または全部の移転があった場合にも、贈与・相続等の時点で有価証券等を時価で譲渡したものとして、贈与・相続等の対象となった有価証券等の含み益に所得税等が課税されることになりました。

なお、非居住者である相続人が有価証券等を相続する場合は、相続する有価証券等の含み益に係る譲渡所得税を、亡くなった人の準確定申告（相続開始後4カ月以内）の際に申告・納税する必要があります（ただし、その非居住者が5年以内に譲渡せずに帰国等すれば、帰国日から4カ月以内に更正の請求を行うことで、納付した所得税の還付を受けることができます）。また、納税管理人の届出や担保の提供等の一定の要件を満たせば、5年間（届出に

より最長10年間）の納税猶予を受けることが可能です。

国外転出時課税制度の詳細については、国税庁のホームページをご参照ください。

https://www.nta.go.jp/taxes/shiraberu/shinkoku/kokugai/01.htm

❸「財産及び債務の明細書」の改定

国外転出時課税制度の創設と併せて、「財産及び債務の明細書」の見直しが行われ、「財産債務調書」として整備されました。提出基準の見直し[注]により提出義務者の範囲は従来よりも狭まることになりますが、財産の所在や有価証券の銘柄など、より詳細な情報の記載が求められることとなりました。

平成28（2016）年１月１日以後に提出すべき「財産債務調書」から適用されました。

財産債務調書の詳細については、国税庁のホームページをご参照ください。

https://www.nta.go.jp/publication/pamph/hotei/zaisan_saimu/index.htm

---

注　従来の「所得が2,000万円超」の要件に加え、「その年の12月31日時点で有する⑴財産の価額の合計額が３億円以上、または⑵国外転出時課税制度対象財産（有価証券等）の価額の合計額が１億円以上の者」との要件が追加されました。

❹国外中古建物の不動産所得にかかる損益通算等の制限

令和３（2021）年分以降の所得税の計算において、国外中古建物の不動産所得に係る損益通算等が制限されることになりました。

これまで、日本居住の高額所得者が、国外の中古建物を購入し、日本の耐用年数ルールに基づいた短い耐用年数の減価償却費を計上することにより、所得税額を減少させる事例が散見されました。しかしながら、今後その手法は使えなくなるのです。

なお、この改正は、令和3（2021）年までに購入した建物であっても、令和3（2021）年分の所得税の計算から適用されることになりますので、注意が必要です。

Q5 金融口座情報の自動的交換制度
金融口座の情報が国際的に交換されるようになったと聞きましたが、どのような制度ですか。

 日本の居住者が海外に保有している銀行や証券会社の口座の情報（氏名・住所・居住地国・口座残高・利子・配当等）が、平成30（2018）年9月から日本の税務当局に自動的に提供されるようになりました。日本の税務当局は、日本人が海外に保有する金融資産の情報を、容易に捕捉することが可能となったのです。

解 説

　グローバル化の進展に伴い、海外の金融機関に資産を移す動きが活発に行われるようになってきました。その結果、海外の口座を利用した国際的な脱税や租税回避が国際的に大きな問題となってきました。そこで、平成26（2014）年にOECDにおいて、非居住者の金融口座情報を税務当局で自動的に交換するための国際基準である「CRS（Common Reporting Standard：共通報告基準）」が公表されました。

　この報告基準に従って、各国の税務当局は、非居住者が自国に保有する金融口座情報を収集し、それを1年に1回、租税条約の情報交換規定に基づいて、非居住者の居住地国の税務当局に提供することとされました。交換される口座情報は以下のとおりです。

①　氏名、住所、居住地国、納税者番号

②　口座番号

③　金融機関の名称

④　口座残高

⑤　利子・配当等の収益の情報

OECDによると、「2021年7月6日現在、111もの国・地域がCRSに参加している」とのことです。これらの国の中には、英国・ドイツ・フランス・イタリア・オランダ・スイス等のヨーロッパ諸国、中国・香港・シンガポール・マレーシア等のアジア諸国、オーストラリア・ニュージーランド等のオセアニア諸国、そしてバミューダ・ケイマン諸島等の「タックス・ヘイブン」の国・地域等が含まれています。一方、米国は同様のFATCAという制度を独自に制定しているため、この自動的交換制度には参加していません。

OECDによる参加国のリスト：https://www.oecd.org/tax/automatic-exchange/about-automatic-exchange/crs-mcaa-signatories.pdf

　<u>この金融口座情報の自動的交換制度によって、日本の税務当局は、日本人が海外に保有する金融資産の情報を、容易に捕捉することが可能となったのです。</u>実際、日本の国税庁は日本居住者に係る金融口座情報約206万件を受領しました（令和元（2019）年7月〜令和2（2020）年6月）。海外に相当の金額の金融口座を保有していたにも関わらず、国外財産調書を提出していなかった場合、あるいは海外の利子や配当についてこれまで申告を行っていなかった場合には、税務署の調査が入る可能性が以前よりも高まってきたといえるでしょう。早急に税務の専門家と相談して対応する必要があると思われます。

Q6 海外財産の保有とマイナンバー（個人番号）制度

マイナンバー制度は、海外財産の保有に影響しますか。

A 平成28（2016）年1月1日より「国外送金等調書」および「国外証券移管等調書」へのマイナンバーの記載が開始されました。また、平成29（2017）年1月1日以降に提出すべき「国外財産調書」および「財産債務調書」より、マイナンバーの記載が必要となりました。マイナンバー（個人番号）は、税務当局が海外財産を把握するための手段としてますます重要なものになると考えられます。

解 説

　平成28（2016）年1月1日に運用が開始された我が国のマイナンバー制度は、社会保障・税・災害対策の分野で活用されることとなりました。

　その結果、平成29（2017）年1月1日以降に提出すべき「国外財産調書」および「財産債務調書」よりマイナンバーの記載が必要となりました。

　また、上記2つの調書のほかに、海外財産の把握のために「国外送金等調書」と「国外証券移管等調書」という2種類の調書があります。それぞれの調書において、原則として平成28（2016）年1月1日よりマイナンバーの記載が求められることになりました（6年間記載が猶予されていますが、金融機関によって対応は異なるようです）。

❶国外送金等調書

　金融機関はその顧客が100万円超の国外送金等（国外送金または国外からの送金等の受領）を行ったときは、当該金融機関の営業所等の所在地の所轄税務署長に国外送金等調書を提出しなければなりません。

　同調書へのマイナンバーの記載は、原則として平成28（2016）年1月1日

以後の国外送金等に係る国外送金等調書に、顧客からの告知を受けて行う必要がありますが、6年間は記載が猶予されています（当初猶予期間は3年間でしたが、平成31（2019）年の税制改正で、さらに3年間延長されました。ただし、金融機関によっては記載を求めてくるところもあるとのことです）。

❷国外証券移管等調書

国境を越えた有価証券等の移管状況を把握するために、平成27（2015）年1月1日より適用が開始された制度です。金融商品取引業者などは、顧客からの依頼により国外証券の移管等（国外への証券の移管または国外証券の受入れ）をしたときは、国外証券移管等ごとに一定事項を記載した国外証券移管等調書を、当該金融商品取引業者等の営業所等の所在地の税務署長に提出しなければなりません。

すべての取引が対象となり、国外送金等調書のような金額基準はありません。

同調書へのマイナンバーの記載は、原則として平成28（2016）年1月1日以後の国外証券移管等に係る国外証券移管等調書に、顧客からの告知を受けて行う必要がありますが、6年間は記載が猶予されています（当初猶予期間は3年間でしたが、平成31（2019）年の税制改正で、さらに3年間延長されました。ただし、金融商品取引業者によっては記載を求めてくるところもあるとのことです）。

一方、銀行の預金口座に関しては、平成30（2018）年1月から、預金口座に係るお客さまの情報とマイナンバーを紐付けて管理すること（いわゆる「預貯金口座付番」）が義務付けられました。したがって、銀行は口座開設や住所・氏名の変更手続きの際に、マイナンバーの届出を依頼するようになっています。しかしながら、お客さまからのマイナンバーの届出は、当面は任意とされており、義務化までには至っていません。

いずれにしても、今後のマイナンバーの動向には注意する必要があります。

第 2 章

海外の相続制度
〜日本とは異なる海外の制度

Q7 相続の考え方の違い
日本と日本以外の国では相続の考え方がどのように違うのでしょうか。

A 日本は、亡くなった人の財産および債務は相続人に承継されるという「包括承継主義」に基づいています。一方、米国や英国などの英米法系の国は、亡くなった人の債権債務関係をすべて清算した上で、残った財産を相続人に分配するという「管理清算主義」に基づいています。

解 説

　日本の民法は大陸法系の**包括承継主義**に基づき、相続が開始すると、亡くなった人（被相続人）の財産および債務は相続人に包括的に承継されます。被相続人の財産は、遺言書があれば遺言書に従って受遺者に、遺言書がない場合は相続人に帰属します。また、被相続人の債務は相続人に承継されます。このような「包括承継主義」を採用している国は、日本のほかにドイツ、イタリア、フランスなどがあります。

　一方、米国・英国など英米法系の国は、**管理清算主義**に基づいています。「管理清算主義」とは、被相続人が亡くなると、まず被相続人に係るあらゆる債権債務関係を清算し、費用や税金を支払った後で、残った財産を相続人などに分配するという考え方です。この管理清算主義に基づく一連の相続手続きはプロベイトと呼ばれる裁判手続きとして実施されます。債務は相続人が承継することはなく、債権者への公告・債務額の確定などが裁判手続きとして厳格に行われた後に遺産から差し引かれます（つまり、プロベイトでは債権者への債権請求期間が設定されますが、その期間を超えると債権者は無担保の債権を主張できなくなります）。

各国の相続関係法は、前述した「管理清算主義」「包括承継主義」という〔**図表2-1**〕の分類方法のほか、居住地、国籍、相続財産の種類を切り口とした〔**図表2-2**〕の分類方法があります。これは、相続手続き（誰がどのような割合で相続するか）がどの国の法律に則って進められるのか、すなわち相続の準拠法の問題に関わります（準拠法の問題については**Q9**を参照）。

〔**図表2-1**〕**相続の考え方による分類**

○**管理清算主義（プロベイト手続きが必要）**

　（採用国）米国、英国、オーストラリア、香港、シンガポールなど

・被相続人の財産は、直接相続人に帰属せず、遺産財団（Estate）に帰属し、人格代表者が管理する。

・人格代表者の任命を申し立て、任命された人格代表者が遺産を管理・清算した後に財産を分配する。

○**包括承継主義（プロベイト手続きは不要）**

　（採用国）ドイツ、イタリア、フランス、日本など

・被相続人の財産は、何らの清算手続きを経ずに包括的に相続人に移転する。

・被相続人の債務は相続人に承継される。

〔**図表2-2**〕**居住地、国籍、相続財産の種類による分類（準拠法の問題）**

○**相続統一主義**

　↗ | 居住地主義 | 被相続人の居住地の法律を準拠法とするもの［採用国］EU加盟諸国（アイルランド、デンマークを除く）(注)

　↘ | 本国法主義 | 被相続人が国籍を有する国の法律を準拠法とするもの［採用国］日本、韓国など

・相続財産の種類によって区別することなく、全相続財産について被相続人に関係の深い国の法律を準拠法とするもの。

○**相続分割主義**　相続財産の種類によって、準拠法が変わる（分かれる）もの［採用国］米国、英国など

・不動産については所在地の法律、動産については被相続人の住所地の法律（英米法の国では、ドミサイルの法律）を準拠法とするもの（ドミサイルについては**Q9**を参照）

（注）　EU加盟諸国（アイルランド、デンマークを除く）では、平成27（2015）年8月
　　　17日に「EU相続規則」［REGULATION（EU）No.650/2012 OF THE EUROPEAN
　　　PARLIAMENT AND OF THE COUNCIL of 4 July 2012］を施行しました。
　　　一般に「Brussels IV」と呼ばれる同規則の採用により、これらの諸国におけ
　　　る相続の準拠法は大幅に変わることになりました。

　EU相続規則の概要は以下のとおりです。
　①　被相続人が、死亡時に常居所（habitual residence）を有していた国
　　　の法律を相続の準拠法とする（第21条第1項）。しかも、この常居所
　　　を有していた国の法律は、EU加盟諸国の法律でなくてもよい（第20条）。
　②　ただし、被相続人が死亡時に常居所を有していた国よりも明らかに密
　　　接な関係を有する国がある場合は、その国の法律を準拠法とすべき
　　　（第21条第2項）。
　③　被相続人は、相続の準拠法として、選択時の本国法か死亡時の本国法
　　　のどちらかを選択できる（第22条第1項）。その選択は、遺言によっ
　　　て明示的に行われるべきである（第22条第2項）。
　④　遺言執行者・遺産管理人の権限や、相続人・受遺者の権利は、EU加
　　　盟国の裁判所が発行する「相続証明書」（European Certificate Suc-
　　　cession）により、加盟国内で証明できるようになった（第VI章）。

　この規則によると、これまで本国法主義（国籍保有国の法律を準拠法とす
る）を採用していたドイツは、居住地主義に変わることになりました。また、
これまで相続分割主義（動産と不動産で準拠法が分かれる）を採用していた
フランスは、相続統一主義に変わることになりました。
　また、上記のように準拠法の選択が可能となったため、例えばフランスに
不動産を保有する米国人が、遺言でニューヨーク州法を選択することにより、
フランスの遺留分制度の制約を免れることが可能となりました。

2．プロベイトとは？

Q8 日本と異なる相続制度
海外相続におけるプロベイトとは何ですか。

A プロベイトとは、遺言書の有効性の確認や、遺産に関係するあらゆる債権債務関係の確定・清算、相続人の確定と遺産の分配などを、裁判所が関与しながら進めていく手続きのことです。日本語では「検認」と訳されますが、日本の検認手続きとは全く異なります。

解　説

　裁判所が関与する一連の相続手続きを総称して「プロベイト」（Probate）と呼んでいます。プロベイトにおいて、亡くなった人（被相続人）の遺産は、独立した人格を持つ遺産財団（Estate）となります。裁判所から任命された人格代表者（Personal Representative）が、遺言執行者（Executor、遺言書がある場合）または遺産管理人（Administrator、遺言書がない場合）として、当該遺産財団の清算手続きを実行していきます。

　プロベイトでは、遺言書の有効性の確認、相続人の確定、債権者への公告や債務の清算、相続に係る税金の支払い、残った財産の相続人への分配などの一連の手続きが、裁判所の管理の下で行われます。

　プロベイトは、例えば日本の会社の清算手続きに類似した手続きであると考えていただければ、イメージをつかみやすいかもしれません。

　ちなみに、プロベイトを「検認」と訳しているケースが見受けられますが、日本の家庭裁判所で行われる遺言書の検認とは全く異なる手続きです。日本における「検認」は、相続人に対し遺言書の存在およびその内容を知らせるとともに、遺言書の形状、加除訂正の状態、日付、署名など、検認の日現在における遺言書の内容を明確にして遺言書の偽造・変造を防止するためのい

わば証拠保全の手続きで、原則として１回で終わります。ここでは遺言書の有効性の判断は行われません（遺言書の有効性に疑義があるときは、別途、地方裁判所で遺言無効確認訴訟を提起する必要があります）。

　プロベイトは、国によっては、手続き終了までに３年近くかかる場合があります。なぜなら、相続人への財産の移転は、裁判所あるいは税務当局からの許可を得て初めて行うことが可能となるからです。

　また海外の弁護士・会計士などの専門家が関与しますので、多額の費用がかかる場合があります。したがって、海外に財産を所有している、もしくは所有しようとしている方は、財産が所在する国においてプロベイトが必要となるか否かを確認しておくことが重要です。なお、プロベイトの具体的な手順については、**Q10**および**Q21**をご参照ください。

　ちなみに、プロベイトが原則必要となる主な国・地域は、米国、英国、カナダ、オーストラリア、ニュージーランド、香港、シンガポール、マレーシアなどで、もし、これらの国に財産を持っている、あるいはこれから持とうとしている場合は、プロベイトに関する理解を深めるとともに、事前に十分な対策を取ることをお勧めします。

Q9

適用される法（準拠法）の問題について
日本人が海外に財産を遺して亡くなった場合、この海外財産を誰が（法定相続人の範囲）どのような割合（法定相続割合）で相続するかについては、どの国の法律が適用されますか。

A 日本人が海外に財産を遺して亡くなった場合、日本の法律によれば、相続の準拠法は「被相続人の本国法」（法の適用に関する通則法第36条）であり、本件では被相続人が日本国籍を有するので日本法（民法）となります。一方、米国では、相続財産の種類や所在地により準拠法が異なります（預金などの動産は、被相続人のドミサイル（Domicile）の法となります）。しかし、実務上は、海外の財産は海外の法律に則って手続きが進められる可能性があります。

解 説

　海外財産の相続手続きは、日本と海外のそれぞれの法制（相続法など）や税制（相続税など）が関わることから、亡くなった人（被相続人）および相続人の国籍・居住地、財産の種類や所在地などにより、まずどの国の法律が適用されるのかが問題となります。

　日本では、相続財産の種類や所在地に関係なく、すべてを被相続人の「本国法」により決定しようとする「相続統一主義」が採用されています（法の適用に関する通則法第36条）。日本や韓国などが相続統一主義の立場です（**Q7〔図表2−2〕**を参照）。一方、相続財産を「動産」と「不動産」に分けて、「動産」は被相続人の死亡時の住所地法（あるいは常居所地法や本国法）により、「不動産」は不動産の所在地の法律により決定しようとする「相続分割主義」を採用している国もあります。

〔**図表2－3**〕米国（ニューヨーク州）に財産を遺して日本で亡くなった日本人のケース

米国の財産	銀行預金（動産）	不動産
日本の立場	日本法	日本法
米国の立場	日本法（ドミサイルの法）	ニューヨーク州法（所在地法）

　例えば、米国、英国などが相続分割主義の立場です（**Q7**〔**図表2－2**〕を参照）。なお、米国、英国等の英米法の国では、**ドミサイル**（**Domicile**）という独特の概念が用いられます。ドミサイルは、「人が固定的な生活の本拠を持ち、そこを離れても帰来する意思を持っている場所」（田中英夫編『英米法辞典』平成3（1991）年、東京大学出版会）とされています。

　仮に日本人が米国（ニューヨーク州）に預金（動産）を遺して日本で亡くなった場合は、日本では相続統一主義の立場から財産の種類に関わらず日本法（民法）が準拠法となり、米国では相続分割主義の立場から、預金は被相続人のドミサイルの法である日本法が準拠法となるため、日米の準拠法の対立は生じません。

　一方、日本人が米国（ニューヨーク州）に不動産を遺して亡くなった場合は、ニューヨーク州では不動産は所在地の法、すなわちニューヨーク州法が準拠法となります（NY Estates, Powers and Trusts Law（EPTL）Section 3-5.1）。日本では、財産の種類に関わらず日本法が準拠法であることから、ここでは日米で準拠法が対立することになります〔**図表2－3**〕。

　ただし、実務上は、上記預金についても、財産が所在する米国の州法に従って手続きが進められる可能性があるでしょう。

　例えば、ニューヨークにある預金の解約や不動産の名義変更をするとき、「日本法によれば法定相続人や法定相続割合はこうなっている」といくら主張しても、これを預金の預け先銀行や法務局（County Land Records Office など）に当たる部門にすんなりと理解してもらえる可能性は極めて低く、手続きもそこで滞るため、結局はニューヨーク州法に則った形で手続きをしたほうが実務上早く進むと考えられます。

3. 米国における相続手続き

Q10 米国の相続手続き、特にプロベイトについて
米国の相続手続きは大変だと聞いたことがありますが、
何が大変なのでしょうか。

A 米国では、特にプロベイトと呼ばれる裁判所を通じての相続手続
きが必要になる可能性があります。この場合、州によって法律も
異なり、かなり煩雑な裁判手続きとなりかねず、相当の費用と時
間がかかるといわれています。

解 説

　ここでは、プロベイトの代表的な例として、米国のプロベイトを取り上げ、
その手順について説明します。また、プロベイト特有の留意点およびプロベ
イトの有無に関わらず、米国での相続手続き一般における留意点についてま
とめます。

❶プロベイトの手順

　米国のプロベイト手続きは、次のような手順で進められます。

　相続が開始すると、相続人等は米国の裁判所に「人格代表者」（Personal
Representative）の任命申請を行います。人格代表者とは、裁判所からの任
命を受けて、遺産の管理、相続手続きおよび税務申告などを行う人あるいは
法人のことです（遺言書がある場合は「遺言執行者」（Executor）、遺言書
がない場合は「遺産管理人」（Administrator）とも呼ばれます）。人格代表
者は、米国在住者のほうが様々な面で実務上便利ですが、相続人が日本人で
かつ日本に居住している場合、米国での長期の裁判手続きに対応してくれる
米国在住者を探すことは至難の業といえます。

　したがって、相続人が日本人であるケースでは、米国の弁護士などに依頼
するケースが多いようです。

〔図表2－4〕日米の相続手続きの違い

日本の相続手続き

・相続財産は、相続開始と同時に、遺言がある場合はそこに定められた相続人／受遺者に、遺言がない場合は法定相続人にそれぞれ承継されます。
・相続人は、被相続人の債務を承継します。
・相続人／受遺者が相続税の納税義務者となります。

米国の相続手続き

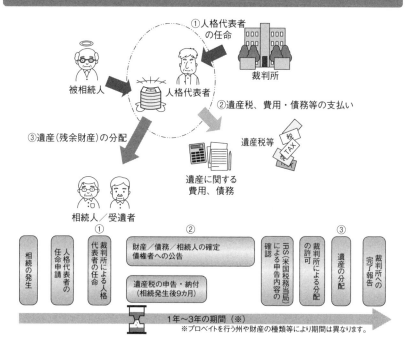

　その後、裁判所が人格代表者を正式に任命すると、その人格代表者が裁判所の監督の下、遺言書の有効性の確認（遺言書がある場合）、相続財産およ

び相続人の確定作業、負債や費用の支払い、申告・納税手続きを行い、最終的に、残った遺産を相続人に分配することになります。

なお、相続人への最終配分は、裁判所の許可および／または税務当局からの申告書確認作業の終了通知書（Closing Letter）[注] を受領して初めて可能となります〔**図表 2 − 4**〕。

注　プロベイトがない場合は、移転証明書（Transfer Certificate）が発行されます。

❷プロベイトの留意点

プロベイトには次のような特徴があります。

(a)プライバシーを確保できない

(b)相続財産の利用・処分が制限されるおそれがある

(c)プロベイトの費用が高額となる可能性がある

(d)複数の州に不動産がある場合、州ごとにプロベイトを行う必要がある

以下、それぞれについて説明します。

(a)プライバシーを確保できない

一般に、プロベイトでは遺言書や遺産内容、相続人の情報が公開されます。古くはマリリン・モンローの遺言書、新しくはマイケル・ジャクソンの遺言書がネット上で閲覧できるのはそのためです。ただし、一部の州では遺産の明細を公開しないようになっているところもあります。

(b)相続財産の利用・処分が制限されるおそれがある

プロベイト期間中、財産は裁判所の監督の下で管理され、原則、相続人が自由に利用・処分することはできません。

したがって、例えば、ハワイのコンドミニアム（分譲マンション）を相続した人が、自分は利用しないからという理由で物件を処分したくても、相続人はプロベイトが終わるまで自由に売却することができない可能性があります。

⒞プロベイトの費用が高額となる可能性がある

　米国の多くの州では、プロベイトに関わる弁護士報酬は費やした時間に応じての報酬（タイムチャージ制報酬）となりますが、カリフォルニア州など一部の州では、弁護士報酬が法律によって遺産の額に応じて定められているところもあります。いずれの場合も、プロベイト手続きの費用は終了までに時間がかかるため一般的に高額になりがちです。

　あくまでも参考例ですが、過去のプロベイト手続きの実例から、手続き期間に2年超を費やした案件を見てみると、ニューヨーク州の弁護士に対し2万米ドル程度の費用負担が発生しているケースもありました。

⒟複数の州に不動産がある場合、州ごとにプロベイトを行う必要がある

　米国では州ごとに法律が違い、原則相続手続きはその不動産の所在地の州の法律によって行われるため、複数の州に不動産がある場合は、それぞれの州でプロベイトを行う必要があります。

　実務的には、まず亡くなった人が住んでいた州（非居住者の場合は不動産がある州など）で主たるプロベイトを開始し、それから、その他の財産がある州で、必要に応じて付随のプロベイト（Ancillary Probate）を行うことになるでしょう。なお、複数のプロベイトが必要な場合は、州ごとに弁護士を雇わなければならなくなるため、費用・時間ともに負担感は重くなります。

　このようなプロベイトの負担を避ける方法として、受取人指定や生前信託の設定等を挙げることができます。プロベイト回避策について詳しくは**Q23**をご参照ください。

❸米国での相続手続き一般における留意点
⒜費用と時間がかかる

　米国の相続手続きの完了には、プロベイトの有無に関わらず、通常相当の時間がかかります。これは、仮にプロベイトを回避してほかの方法で相続手続きを行った場合でも、通常遺産税等の申告や債務の清算は必要であり、さらには税務当局による申告書の確認作業を経た上で初めて財産の分配が認め

られるからです。税務申告では、前述した弁護士とは別に、税務申告の専門家（税理士等）の介在が必要であり、そのための相応の費用も必要となります。

　なお、遺産の内容や額によっては遺産税の申告が不要となり、比較的早く手続きが終わる場合もありますが、一方、税務申告が不要でもプロベイトが必要となるケースもあり、注意する必要があります。

(b)遺産分割協議に基づく分配が米国側で認められない可能性がある

　例えば米国にある不動産については、たとえ被相続人が日本人で日本の国際私法（法の適用に関する通則法）では準拠法が日本法であるとされた場合でも、実務上、米国の国際私法に基づき、不動産が所在する州の法律を準拠法として相続手続きが行われる可能性が高くなります。その場合、当該不動産の相続について、たとえ相続人の間で合意（遺産分割協議）が調っていたとしても、その分配方法が州法の定めと異なっている場合は、遺産分割協議は、法定相続または遺言書によって取得した相続権を相続人同士で譲り合うための合意書として扱われるでしょう。

　したがって、相続放棄による分配変更の場合を除いて、税務面でも、相続人同士での贈与の扱いとなる可能性があり、場合によっては相続人に贈与税が課される場合もあります。米国の贈与税は受け取る側ではなく、贈与する側にかかる税金なので、遺産の権利をほかの相続人に譲って自分は何も受け取らないのに、贈与税の申告や支払いだけを行わなければならない可能性があるので注意する必要があります。

　なお、被相続人の死後9カ月以内であれば、部分的または全体の相続放棄の手続きを行うことによって贈与税の発生を防ぐことが可能となるので、そのタイミングにも注意する必要があります。

　また、例えばハワイ州のように、遺言の有無に関係なく、州法（Hawaii Revised Statutes Section 560：3-912）により相続人間の遺産分割協議書（Private Agreement）に基づく分配を認めているところもありますが、この場合も、前述した贈与税の問題がないかについて、別途注意が必要です。

Q11 米国の法定相続人・法定相続割合等
米国でも日本の相続と同様に、法定相続人や法定相続割合といった考え方はありますか。

米国では、州法ごとに内容は異なりますが、法定相続人や法定相続割合の考え方は存在します。ただし、それらは日本法によるものとは異なる場合があり、注意する必要があります。

解 説

米国の「法定相続」に係る主な特徴は次のとおりです。

❶法定相続人の範囲が子孫代々（甥姪の子孫を含む）と広範
❷Survivorship Periodという、受遺者（相続人）が生存していなければならない期間を必要とする考え方や、州ごとの特別なルールが存在
❸法定相続割合に「同世代頭割り（Per Capita）」という考え方が存在

（注）いずれも州によって内容が異なります。

以下、それぞれについて説明します。

❶法定相続人の範囲が子孫代々（甥姪の子孫を含む）と広範

まず米国における「法定相続人」の特徴として、その範囲が日本における範囲とは異なることが挙げられます。例えば日本法では、法定相続人は甥姪までであり、甥姪が先に死亡している場合は、その子が代襲相続人になることはありません。一方、米国の州法、例えばカリフォルニア州法では、上記の場合、甥姪の子は正式な相続人となり、さらにその先まで代襲相続が発生する可能性もあります。

**❷Survivorship Periodという、受遺者（相続人）が生存していなければ
ならない期間を必要とする考え方や、州ごとの特別なルールが存在**

　2つ目の特徴として、米国の相続制度には、Survivorship Periodという考え方があります。

　例えば日本であれば、子がいない夫婦で、妻が亡くなった直後に夫が死亡した場合でも、いったん夫が相続した妻の財産は、夫の死後、夫の遺言がない場合は夫の相続人（夫の兄弟姉妹など）に相続されます。一方、米国では、遺言に基づく受遺者または遺言がない場合の相続人は、被相続人が死亡してから一定期間（120時間など）生存していなければならないという法規定がある州があります。この期間のことをSurvivorship Periodといいますが、妻の死後、その一定期間（Survivorship Period）内に夫が死亡した場合は、夫は妻より先に死亡したものとみなされ、夫は妻の相続人として、妻の財産を取得することはできません。したがって、妻の財産は、妻の相続人（妻の兄弟姉妹）が相続することになります。

　また、州や財産の種類によってはさらに特殊なルールが適用されるケースもあり、相続人の範囲が日本法のそれと大きく相違することも少なくありません。

❸法定相続割合に「同世代頭割り（Per Capita）」という考え方が存在

　3つ目の法定相続割合についてですが、こちらも日本と米国では考え方が違う場合があります。例えば、米国では、州によっては同じ世代は等しく配分を受けるという「Per Capita」（頭割り）の考え方があります。簡単な例を〔**図表2－5**〕で説明します。

〔図表2－5〕親族関係図

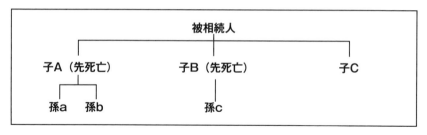

・配偶者がおらず、子が3人いる場合は、日米ともに子は1／3ずつ均等に財産を相続します。

・この例では、3人の子のうち2人（子Aと子B）が先に死亡しており、この部分について代襲相続が発生しているケースです。

・日本では、いわば株分けの考え方で、孫a・孫bは子Aが受け取る1／3の半分、すなわち1／6ずつを受け取ります。孫cは、子Bが受け取る1／3をそのまま受け取ります。

・米国では、州によっては孫の世代は等しく頭割り（Per Capita）で配分を受けるところもあります。そのような州では、孫a・孫b・孫cはそれぞれ2／9ずつ（すなわち、子A・子Bが受け取る合計2／3の1／3ずつ）を受け取ることになります。州によっては日本と同じ株分けの配分（Per Stirpes）となるところもありますので、州ごとに確認する必要があります。

Q12 米国相続における遺留分
米国でも日本の相続と同様に、相続財産に対する遺留分
という考え方はありますか。

遺留分の考え方は存在しますが、州ごとに法律の内容は異なり、
日本法と単純に比較することはできません。

解　説

　米国では、遺された配偶者の生活の最低保障を行うために、遺言書の内容に関わらず、配偶者に対しては日本のように遺産のおよそ3分の1から2分の1までの遺留分割合（Elective Share）を認めている州もあれば、一定の金額の配分を定めている州もあります。また、未成年の子がいる場合には受取額が変わったり、結婚後一定期間経っていないと権利が得られなかったり、両親を亡くした未成年の子に対し一定の遺産額を保障したりする等、各州で法律内容は違っています。例えばニューヨーク州では、配偶者は、5万米ドルか正味資産の3分の1のいずれか多いほうの遺産を取得できる選択権（right of election）[注] が認められています（NY EPTL Section 5-1.1-A(a)(2)）。

　また、カリフォルニア州のような夫婦共有財産制度（**Q30**を参照）を採用している州では、婚姻後に取得した財産（相続などで取得したものは除く）はどちらか一方の単独名義であっても夫婦の共有財産とされ、遺された配偶者は当該財産に対して元々2分の1の所有権を持っていることになり、仮に遺産をもらわなくても夫婦共有財産の半分は自分のものとして確保されます。

　なお、夫婦共有財産制度を採用している州においても、そもそも共有財産が少ない場合に備え、配偶者に対して被相続人の遺産から一定額を受け取ることを保障している場合があります。

財産が没収される？

米国では、非居住外国人の遺産は、ただちに政府に没収されると聞いたことがありますが、本当ですか。

相続手続きを放置して一定期間が過ぎると、相続人がいないものとみなされ、非居住外国人の遺産は州の管理下に入ることがあります。

解　説

　これは意外に多い質問ですが、ほとんどの場合、「没収」されることはありません。法定相続人が誰もいない場合、遺産はいったん州の管理下に入りますが（Escheatment）、多くの州では被相続人の祖父母の代までさかのぼり、その子孫を法定相続人として認めます。

　ただし、例えば、①亡くなった父親が米国に預金などの財産を所有していたことを相続人が全く知らないなどの理由により、相続手続きを放置していた場合や、②米国に近親者がいなくて、日本にいる遠縁の親戚達が被相続人の死を長年知らなかった場合などは、「故人には相続人がいない」とみなされることもあるかもしれません。

　なお、相続人が後から被相続人の死亡の事実を知った場合は、州政府が遺産を州のものとする手続きを始めてから所定の期間内であれば、相続人からの申立てによって取り戻すことができます。ただし、ワシントン州やニューヨーク州では金融機関の口座に関しては特に期限を設けていないなど、州によって請求の条件が異なります。

　また、コロナ禍の影響で、州政府の対応に遅れが生じており、州政府からの回収に時間がかかる事例が出てきていますので、注意が必要です（「コラム2」（P.67）を参照）。

第3章

海外の相続手続き
～米国の相続手続きを中心に

Q14 海外相続発生時にまずすべきこと
海外に財産がある人に相続が発生したら、まず何をすべきですか。また、その手続きは誰に何を頼めばよいでしょうか。

A まず財産の内容を把握することから始め、それから日本と海外の法務・税務に精通した専門家を探すことになるでしょう。

解　説

　まず、海外相続の手順としては、国内の場合と同様に、財産の内容を把握して一覧表を作成することから始めます。銀行預金や証券口座などの金融資産の場合は、金融機関から送られてくるステートメント（定期的に送られてくる取引内容の通知書）で、名義（単独名義か共有名義かなど）・残高・取引支店などを確認します。不動産であれば、権利証（Deed）で名義を、不動産税通知書（Property Tax Statement等）(注) あるいは売買契約書などでおおよその金額を、それぞれ確認します。また、それぞれの財産がどこにあるか（米国の場合はどこの州にあるか）も確認する必要があります。

　なお、金融機関の口座については、最近はステートメントを郵送せず、口座明細をオンラインで確認するケースが増えてきているようです。オンライン明細を利用している場合は、家族が口座のあることすら確認できない可能性も高いため、海外に財産をお持ちの方は、なるべく財産の一覧を作成の上、家族同士で情報をあらかじめ共有しておくことが重要になります。

　また、ネットバンキングの場合、パスワード等が分からず、家族が途方に暮れる場合もあります。ログインのための必要な番号が家族にも分かるようにしておいたほうがよいと考えます。

これらの情報を集められたとして、次に必要なのが、海外の相続手続き、税務手続きに精通した弁護士・税理士などの専門家を探すことです。といっても、日本にいながら、海外の法務・税務の実務に詳しい専門家を探すのはなかなか難しいものです。日本の弁護士で、海外の相続制度・手続きに精通した人は極めて少ない状況です。また、日本の税理士・会計士で、海外の相続税務に精通した人も同様です。国際的な法律事務所・税理士事務所ならば対応してくれるところがあると思われますが、費用が気になります。

　一方、海外で活動する弁護士・税理士などで、日本語で対応してくれる専門家を探すことは、さらに難しいかもしれません。特に、海外の弁護士・会計士・税理士は、時間給で対応することが多く、時間がかかればかかるほど費用の額が膨らむため、リーズナブルな費用で終わらせようとするのは難しいと思われます。

　注　地域によって名称は異なります。

Q15 米国銀行口座の相続手続き(1)― 米国銀行への問い合わせ
米国の大手銀行のニューヨーク支店に預金口座を持つ家族が亡くなりました。口座を解約するにはどうしたらよいでしょうか。

A まず米国の銀行に問い合わせをして、口座の所有形態や手続きに必要な書類などを確認する必要があります。なお、州によって法律も異なるため、口座のある支店がどこの州に所在しているかも非常に重要です。このケースでは、ニューヨーク州にある支店で口座を持っていることから、口座が単独名義であれば、ニューヨーク州でのプロベイト手続きが必要になる可能性が高いと思われます。

一方、金額が少額の場合、または共有名義（Joint Account）や受取人指定がされている口座（Payable-on-Death Account）の場合は、比較的簡単な手続きで済む可能性がありますが、コロナ禍の影響や銀行の対応によっては、予想外に時間がかかることがあります。

解 説

この場合、まずニューヨークの銀行に英語で問い合わせることが第一の関門となります。ステートメント（定期的に送られてくる取引内容の通知書）に記載されている問い合わせ先に電話か手紙で問い合わせることになりますが、電話では、大抵どこかのコールセンターで対応されることが多く、毎回担当者が変わり、その都度違ったことをいわれる可能性があります（この件については「コラム１」（P.8）を参照）。

また、マニュアルに沿った形式的・標準的な回答が中心で、日本人の相続手続きについて具体的で的確な回答がすぐに得られるかは不明です。むしろ、時間はかかるものの、英文の手紙で事情を説明し、回答をもらうようにした

ほうが、記録も残るのでよいと思われます。

いずれにしても米国の銀行に問い合わせを行う場合は、名義人が○月○日に死亡したこと、自分は名義人の相続人であること、相続手続きに当たって必要な書類を送って欲しいこと、などを説明するとよいでしょう。

もし、その口座が亡くなった人の単独名義で、ニューヨーク州所在の支店にある場合は、金額の多寡に関わらずプロベイト手続きが必要となります。ただし、財産額が5万米ドル以下（金額は変更されることもあるため、州法の確認が必要です）であれば、同じプロベイトでもかなり簡易な手続きで済む可能性はありますが、いずれにしても、手続きに当たっては、米国の弁護士に依頼する必要が生じます。

一方、金額が少額[注]の場合または口座が誰かとの共有名義（**Q23**および**Q32**を参照）、あるいは受取人指定（**Q23**および**Q36**を参照）がされている場合は、プロベイトを経ずに、銀行とのやり取りだけで相続手続きが済む可能性があります。この場合、死亡証明書（**Q16**を参照）のほかに、銀行が求める手続き書類に必要事項を記入して返送することになります。銀行によっては、手続き書類への署名について公証を求められることもあります（公証については**Q19**を参照）。

ただし、受取人に指定されている人が、その銀行との取引がない（口座を持っていない）場合は、本人確認のために窓口に来店することを求める銀行もあるかもしれません。

また、コロナ禍の影響で、米国の銀行に手紙を出してもなかなか返事がもらえない状況となっています（コロナ禍の影響については「コラム2」（P.67）を参照）。

一方、銀行においては、非居住外国人（米国から見て）の口座の手続きに対して非常に慎重になり、「IRS（米国の税務当局）の証明書がないと支払いに応じない」と主張されるケースもあります（非居住外国人に対する米国金融機関の慎重姿勢については「コラム3」（P.69）を参照）。

さらに、最近日本の銀行は外国払小切手の取立業務を終了したので、苦労

して交渉した結果、やっとのことで口座解約資金を小切手で受け取っても、取立・資金化に苦労する、といった事態も発生しています（日本の銀行による「外国払小切手取立」の終了については「コラム4」（P.71）を参照）。

　注　州や財産の種類により異なります。例えば、カリフォルニア州では（プロベイトの対象外となる財産を除く）166,250米ドル以下の動産や、55,425米ドル以下の不動産については、プロベイトを経ずに宣誓供述書（Affidavit）による手続きが認められているようです。また、ハワイ州では、100,000米ドル以下の動産について、ワシントン州では不動産を保有していない場合には100,000米ドル以下の動産について、宣誓供述書での対応が可能なようです。また、上限を75,000米ドルとしているテキサス州などもあります（金額は2021年7月現在の情報に基づくものです）。詳しくは巻末の「参考資料1」（P.197）をご参照ください。いずれにしても、州ごとでプロベイト要否の要件が異なっていますので、事前に現地の弁護士等の専門家にご相談ください。

Q16
米国銀行口座の相続手続き⑵ ─ 手続きに必要な書類
父が米国の銀行に約20万米ドルの預金を遺して亡くなりました。そこで銀行に問い合わせてみたところ、「Letters of Administration」と「Death Certificate」が必要といわれましたが、これらは何のことでしょうか。

A 「Letters of Administration」とは、米国のプロベイト手続きにおいて、裁判所が人格代表者を任命し、その者に遺産の管理を行う権限を与える公式の書類のことです。また、「Death Certificate」とは、死亡を公的に証明する書類のことであり、除籍謄本の英訳などが使われます。

解 説

　「Letters of Administration」とは、プロベイト手続きにおいて、裁判所が人格代表者（Personal Representative）を任命し、遺産管理の権限を与える公式の書類のことです。お父様の預金が本人の単独名義で、州が定める一定額（**Q15**の注または巻末の「参考資料１」（P.197）を参照）を超えている場合は、プロベイト手続きが必要となります。このプロベイト手続きにおいて、裁判所は人格代表者として遺産管理人（遺言書がない場合）または遺言執行者（遺言書がある場合）を任命します。米国の銀行は、プロベイト手続きが開始され、正規に管理人などが任命されていることを確認するために、「Letters of Administration」を要求してきたわけです。

　一方、「Death Certificate」とは、死亡証明書のことです。お父様が他界されたことを、銀行が確認するための書類です。日本で死亡を公的に証明する書類は「除籍謄本」または「法定相続情報一覧図」となります。そこで、まず除籍謄本等を外務省に送り、**アポスティーユ（Apostille）**^(注)を付して

もらいます。除籍謄本等が日本の公文書であることを証明してもらうためです。無料であり、郵送での対応も可能です。

　その後、除籍謄本等を英訳し、除籍謄本等を添付した翻訳書に公証人による公証を受けることになります（**Q19**を参照）。例えば、翻訳者が、「英訳の内容が原本の内容と相違ないこと」などを宣誓して署名し、公証人は「翻訳者本人が自身の面前で署名した」ことを認証します。除籍謄本等の英訳は、一般の人には非常に難しく、専門の翻訳業者に依頼することをお勧めします。

　なお、海外では、日本の在外公館が英文の「Death Certificate」を発行します。これはもともと英文なので、英訳の必要がありません。在外公館は除籍謄本の原本を確認の上、「Death Certificate」を発行しますが、現地の窓口に直接出向く必要があり、日本から除籍謄本を郵送しただけでは「Death Certificate」の発行には応じてくれない場合が多いようです。もし現地に親族がいる場合はその人に、いない場合は現地の弁護士に発行手続きを依頼する必要があるでしょう。

　ただし、最近、米国の金融機関によっては、日本の在外公館が発行する英文の「Death Certificate」を受け付けない事例も出てきているようですので、アポスティーユを付した除籍謄本等の英訳を使用したほうが、より確実だと思われます。

　注　アポスティーユ（Apostille）とは、付箋による証明のことであり、「外国公
　　　文書の認証を不要とする条約（ハーグ条約）」の加盟国に公文書を提出する場
　　　合、外務省においてその付与が行われていれば、駐日外国領事による認証は
　　　なくても、駐日外国領事の認証があるものと同等のものとして、提出国で使
　　　用することが原則として可能となるものです。

(「Letters of Administration」の見本)

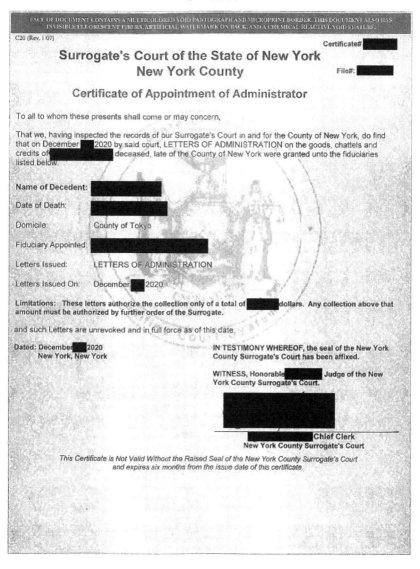

FACE OF DOCUMENT CONTAINS A MULTICOLORED VOID PANTOGRAPH AND MICROPRINT BORDER. THIS DOCUMENT ALSO HAS INVISIBLE FLUORESCENT FIBERS, ARTIFICIAL WATERMARK ON BACK, AND A CHEMICAL REACTIVE VOID FEATURE.

C20 (Rev. 1/07)

Certificate# ▇▇▇

Surrogate's Court of the State of New York
New York County

File#: ▇▇▇

Certificate of Appointment of Administrator

To all to whom these presents shall come or may concern,

That we, having inspected the records of our Surrogate's Court in and for the County of New York, do find that on December ▇ 2020 by said court, LETTERS OF ADMINISTRATION on the goods, chattels and credits of ▇▇▇ deceased, late of the County of New York were granted unto the fiduciaries listed below.

Name of Decedent: ▇▇▇

Date of Death: ▇▇▇

Domicile: County of Tokyo

Fiduciary Appointed: ▇▇▇

Letters Issued: LETTERS OF ADMINISTRATION

Letters Issued On: December ▇ 2020

Limitations: These letters authorize the collection only of a total of ▇▇▇ dollars. Any collection above that amount must be authorized by further order of the Surrogate.

and such Letters are unrevoked and in full force as of this date.

Dated: December ▇ 2020
New York, New York

IN TESTIMONY WHEREOF, the seal of the New York County Surrogate's Court has been affixed.

WITNESS, Honorable ▇▇▇ Judge of the New York County Surrogate's Court.

▇▇▇

Chief Clerk
New York County Surrogate's Court

This Certificate is Not Valid Without the Raised Seal of the New York County Surrogate's Court and expires six months from the issue date of this certificate.

（在外公館が発行する「Death Certificate」の見本）

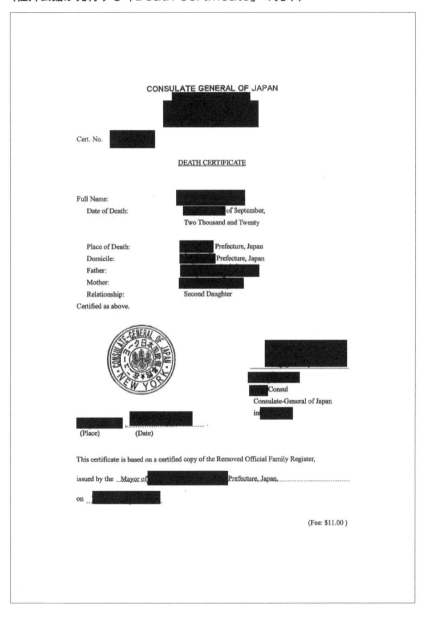

CONSULATE GENERAL OF JAPAN

Cert. No. ███████

DEATH CERTIFICATE

Full Name: ████████
Date of Death: ████████ of September,
Two Thousand and Twenty

Place of Death: ████ Prefecture, Japan
Domicile: ████ Prefecture, Japan
Father: ████████
Mother: ████████
Relationship: Second Daughter

Certified as above.

████ Consul
Consulate-General of Japan
in ████

████ ████
(Place) (Date)

This certificate is based on a certified copy of the Removed Official Family Register,

issued by the ..Mayor of ████ Prefecture, Japan,................................

on ..████████.............................

(Fee: $11.00)

共有名義の不動産の相続手続き
ハワイに夫婦共有名義でコンドミニアム（分譲マンション）を所有しています。先日、夫が亡くなりましたが、相続手続きはどのように進めたらよいですか。

ハワイにおける夫婦共有名義であれば、とりあえずプロベイトは回避できるでしょう。現地の弁護士などに依頼して、妻の名義に変更することができます。

解　説

　ハワイ州法では、夫婦の共有名義の場合は、一方の配偶者が亡くなったとき、プロベイトを経ることなく、遺された配偶者の単独所有となります（共有名義について詳しくは**Q29**を参照）。

　名義変更の手続きは、ハワイの弁護士に依頼することになります。夫が亡くなったことの証明（除籍謄本の英訳など。**Q16**を参照）が求められますが、プロベイトがないので比較的簡単に手続きが終わる可能性があります。

　ただし、ここで税務の問題を考えなくてはなりません。名義上は夫婦共有となっていたとしても、夫が実質100％資金を拠出していた場合、コンドミニアムの持分すべてが夫の財産として、日本および米国で課税されることになる可能性が高いからです（日本の相続税の課税対象となりうることについて、国税庁のホームページ「ハワイ州に所在するコンドミニアムの合有不動産権を相続税の課税対象とすることの可否」https://www.nta.go.jp/law/shitsugi/sozoku/02/07.htmを参照）。

　近年、日本の税務当局は、ハワイの夫婦共有名義の財産について調査を行っており、夫が100％拠出している場合、贈与税の支払いか、名義の修正（夫の単独名義に修正）を求めるようになってきているようです（夫の単独名義に修正した場合は、別途プロベイト対応策が必要となります）。

Q18

「片方死亡後そのまま名義を放置」「同時死亡」への対策

両親が米国に夫婦共有名義で別荘を所有していましたが、父が亡くなった後、母の名義に変えないうちに、母も亡くなってしまいました。この不動産はどうなりますか。

A

原則プロベイトの対象となります。夫婦共有名義であっても、実質単独名義になった場合の対応や、同時死亡等に対する対策など、プロベイトの負担を回避または軽減する準備をしておくとよいでしょう（**Q23**を参照）。

解　説

　海外財産を夫婦共有名義で所有している方も少なくないと思います。これにより、どちらかに相続が発生した場合でも、煩雑なプロベイトを回避することが可能な場合が多いからです（共有名義について詳しくは**Q29**を参照）。

　ただし、夫婦共有名義で別荘を所有している場合でも、本質問のように共有名義者のどちらかが先に亡くなった後、特段の手当てをしていない場合は、遺された共有名義者が単独で財産を保有していることになり、その後この人が死亡した場合は、当該財産はプロベイトの対象になります。

　また、非常に稀なケースではありますが、財産の共有名義者が同時に死亡した場合も、原則プロベイトによる相続手続きが必要となります。飛行機や自動車の事故で夫婦が同時に亡くなるケースは、発生率としては高くないかもしれませんが、一緒に旅行することが多い夫婦の中には、気にされる方もいらっしゃいます。

　これらの場合、生前にできる対策としては、米国式の遺言書の作成（第5章を参照）や生前信託の設定（第6章を参照）などがあります。

Q19 署名の公証（Notary）について
海外の裁判所に提出する書類の署名に公証（Notary）が必要といわれました。「Notary」とは何ですか。どのようにすれば取得できますか。

本人が署名したことを公証人が証明する手続きです。日本にある外国の大使館・領事館または日本の公証役場で公証してもらうことが可能です。

解　説

　海外に提出する正式な書類には、自署（サイン）に加え、公証（Notary）を求められることが一般的です。これは、本人確認のため、署名が真正であることを第三者である公証人に証明してもらう手続きです。

　公証の手続きは、ⓐ公証人は、面前で署名する人が本人に間違いないことを確認する（パスポートや免許証などの本人確認書類を使用）、ⓑ署名者が公証人の面前で書類に署名する、ⓒ公証人が（署名欄の横か下に）署名者が自署したものである旨の確認印を押した上で署名を行う、という手順で進められます。

　ただし、公証人は、通常、書面の内容の真実性や正確性を証するわけではありませんが、書類によっては、その必要が生じる場合があります。例えば戸籍謄本の英訳等については、「署名が真正であること」（私文書の認証）だけではなく、「記載内容（翻訳）が真実であることを宣誓した上で署名したこと」（宣誓認証）を公証してもらうことを外国の手続き先から求められることがあるからです。

　日本でこの公証を得るためには、①在日の外国大使館・領事館で公証を受ける方法と、②日本の公証役場で公証を受ける方法の2つがあります。

　①の方法は、その国の大使館・領事館が行う公証ですので、現地でまず問

題なく受け入れられると思われます。一方、②の方法は、現地で受け入れられるかは不明なため、②の方法を取る前に現地で使用可能なのかを確認しておく必要があります。①の方法を取るほうが望ましいことが多いでしょう。

なお、費用面では、①の方法によるほうが概ね安くなりますが、有効なパスポートの提出が求められる場合があることに加え、大使館・領事館によっては事前予約の上、領事と外国語で簡単な会話を交わす場合があることに留意する必要があります。詳しくは、各国の大使館・領事館にお尋ねください。

一方、②の公証役場で公証を受ける場合は、日本語で対応できるメリットがありますが、概して費用が高くなり^(注1)、アポスティーユと呼ばれる証明を取得するために、公証役場^(注2)によってはさらに地方法務局や外務省に書類を提出する必要があるなど、手間と時間がかかるようです（アポスティーユについては、**Q16**の注を参照）。

このように、日本で海外に提出する書類用の公証（Notary）を受けるのは、かなり大変な手続きとなります。

ちなみに、日本の公証人は、裁判官や検察官などの法曹資格保有者が退職後に就くことが多いですが、米国の公証人は法曹資格が不要で、短期間の研修等で資格が付与されます。州によりますが、公証費用は基本的に1通5〜6米ドルのようです。

注1　書類を一まとめに綴って、1つの公証だけで済ますことができれば、②のほうが安くなる場合もあるでしょう。この方法が可能か、事前に提出先に確認することをお勧めします。

注2　東京都、神奈川県、静岡県、愛知県および大阪府の公証役場は、外務省から権限を委任され、アポスティーユも一緒に付与してくれます（ワンストップサービス）。

　　　一方、埼玉、茨城、栃木、群馬、千葉、長野および新潟の7県の公証役場では、法務局の公証人押印証明も一緒に付与してくれます。ただし、その後、外務省でアポスティーユを取得する必要があります。

（アポスティーユ（Apostille）の見本）

令和3年登簿第███号

認　　　証

███は、当職の面前で、添付書面に自ら署名した。以下余白

よって、これを認証する。

令和3年███月███日、本公証人役場において
東京都千代田区丸の内三丁目3番1号
東京法務局所属
公証人
Notary

証　　　明

上記署名は、東京法務局所属公証人の署名に相違ないものであり、かつ、その押印は、真実のものであることを証明する。

令和3年███月███日

東京法務局長

APOSTILLE
(Convention de La Haye du 5 octobre 1961)

1. Country:　JAPAN
   This public document
2. has been signed by ███
3. acting in the capacity of Notary of the Tokyo Legal Affairs Bureau
4. bears the seal/stamp of ███ **Notary**
   Certified
5. at Tokyo　　　6. ███2021
7. by the Ministry of Foreign Affairs
8. 21- N9███
9. Seal/stamp: ███　　　10. Signature

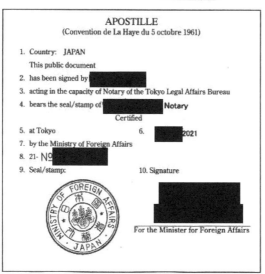

For the Minister for Foreign Affairs

Q20 米国有価証券の手続きにおける特殊な制度
夫は米国の株式を保有したまま亡くなりました。その相続手続きで、証券会社からは「Medallion Signature Guarantee」が必要といわれましたが、どのような手続きでしょうか。

「Medallion Signature Guarantee」とは、米国独自の署名保証制度のことです。なかなか融通が利かず厄介なものです。
（関連：Q2）

解　説

　米国では、特定の所有形態^(注)により保有していた株式を遺して亡くなった場合は、その名義変更手続きにおいて、メダリオン（Medallion Signature Guarantee）という特別な署名保証が必要となります。これは、米国内の加盟金融機関が、署名は真正であることに加え、署名者がそこにある指示を下す権限および精神的能力を持っていることを保証し、もし間違いがあれば、その責任を負うことを保証するものです。名義書換代理人（Transfer Agent）は、署名偽造などに伴う損失などを防ぐために金融機関による署名保証を求めます。

　署名保証を行えるのは、署名保証プログラムに加盟している銀行や証券会社などの加盟金融機関に限られており、公証人や米国大使館における公証（署名者が面前で署名したことを認証するだけのもの）は受け付けないとのことです。

　署名保証プログラムには、STAMP（Securities Transfer Agents Medallion Program）、SEMP（Stock Exchanges Medallion Program）および MSP（New York Stock Exchange Medallion Signature Program）の3種類があり、STAMPには、7,000以上の米国およびカナダの金融機関が加盟しているよう

です。

　なお、ほとんどの金融機関は、これまで取引がなく、自分の顧客でなかった人の署名まで保証しません。したがって、署名保証を得るには、まず、米国内の金融機関に口座を開いて署名登録をする必要がありますが、外国人による新規口座の開設は以前よりも難しくなってきているようです。

　米国非居住外国人の場合、上記の口座開設ができないときは、プロベイトを開始するなど、方法が限られてくるようです（プロベイトを開始すると、人格代表者が署名するので、メダリオンの手続きが比較的楽になることもあるようです）。また、弁護士に依頼して米国大使館の公証を認めてもらった事例もあるようですが、必ず認められるわけではないようです。

_____

　注　株式の所有形態
　　米国における株式の所有形態には次の３つがあります。
　　①株券そのものを本人が保管、②証券会社の名義になっている株式を、当該証券会社に有する本人の口座に保有株数のみ登録して管理（Street Name Registration）、③証券会社もしくは名義書換代理人の口座にて管理されるが、株式の登録名義はあくまでも本人（Direct Registration）。
　　（SECサイト（http://www.sec.gov/investor/pubs/holdsec.htm）を参照）
　　このうち、メダリオン（Medallion Signature Guarantee）が必要となるのは①と③です。なぜなら、名義書換代理人（Transfer Agent）の記録に所有者として本人名義が登録されているからです。この場合、本人が亡くなった際には、当然、次の持ち主の本人確認等のために、メダリオンが必要となります（http://www.sec.gov/answers/sigguar.htm）。
　　なお、通常の証券会社での株式売買取引は②のケースによることがほとんどですが、ストックオプションの付与等により取得した株式などは、所有者として直接本人の名義が登録されている可能性が高く、相続発生時には、このメダリオンが必要となる場合が多いようです。

Q21 米国の不動産と銀行預金の相続手続き（プロベイト）の流れ

夫が米国カリフォルニア州に不動産と銀行預金を遺して亡くなりました。米国での相続手続きがどのように進められるのか、教えてください。

ここでは、米国財産のプロベイト手続きの流れを、事例に沿ってご説明します。プロベイトがいかに面倒な手続きで、時間も費用もかかるものであることがお分かりいただけるかと思います。

解　説

〈事例〉　米国の不動産と銀行預金の相続手続き

> 亡くなられた方：法人オーナー（日本居住の日本人）、2021年に相続開始
>
> ご相続人　　　：妻、長男、長女（いずれも日本居住の日本人）
>
> 米国の財産　　：カリフォルニア州の別荘＝8,000万円相当　単独名義
>
> 　　　　　　　　カリフォルニア州の銀行の預金＝1,000万円相当　単独名義
>
> 　　　　　　　　　　　　　（別荘の管理やバケーション用として使用）
>
> 日本の財産　　：不動産・有価証券・預貯金＝5億円
>
> 遺言書の有無　：遺言書なし

　この事例では、カリフォルニア州でご自身名義の不動産と銀行預金をお持ちでしたので、カリフォルニア州でプロベイト手続きが行われることになります。

（1）人格代表者（遺産管理人）の指名申請（公証手続きの必要性）

　まず、プロベイト手続きにおいて遺産を管理する人（人格代表者）を裁判

所に申請する必要があります。カリフォルニア州に信頼できる親族や友人が
いない場合は、カリフォルニア州の弁護士などに依頼することになります。

　カリフォルニア州では、プロベイトに係る弁護士費用が州法で定められて
おり、遺産の額によっては、弁護士費用はタイムチャージにより計算される
金額よりも高くなる場合があると聞いています。

　なお、申請書の署名について公証手続き（Notary）が必要になります（公
証手続きについては、**Q19**を参照）。

（2）死亡証明書の手配

　死亡証明書として、除籍謄本または法定相続情報一覧図に外務省のアポス
ティーユを付し、英訳を付けて裁判所に提出するのが一般的です。除籍謄本
等の英訳は一般の人には非常に難しく、専門の翻訳業者に依頼することをお
勧めします（死亡証明書の手配については、**Q16**を参照）。

（3）裁判所管理下での一連の相続手続き

　人格代表者が裁判所より任命されると、人格代表者は、相続人の確定、債
権者への公告（カリフォルニア州の債権請求期間は4カ月）や債務の清算、
相続に関わる税金の支払い、残った財産の相続人への分配等の一連の相続手
続きを、裁判所の管理の下で進めていきます。

（4）米国の遺産税および日本の相続税

　被相続人が日本居住の日本人（米国から見て非居住外国人）である場合、
米国に所在する財産が6万米ドル（2021年）を超えると、米国の遺産税が課
されることになり、相続開始後、原則9カ月以内に遺産税の申告納税を行う
必要があります。しかも、全額現金納付となります。

　なお、本件では、別荘（不動産）が米国遺産税の課税対象となりますが、
非居住外国人の銀行預金で米国の事業に関連しない場合は、米国外の財産と
して、米国遺産税の課税対象とはなりません。

また、日米相続税条約の第４条を使用することにより、米国人等に認められている多額の控除額（2021年は1,170万米ドル、約12.7億円）の一部を利用することが可能となります。ただし、日米相続税条約を使用する場合、日本の財産を米国の税務当局に、相続開始後原則９カ月以内に開示することになりますので、日米の税務の専門家が緊密に連携をとる必要が出てきます（米国の遺産税については、**Q54**を参照）。

　一方、日本の相続税は、被相続人が日本の居住者である場合、原則として財産を取得する相続人や受遺者の居住地や国籍に関係なく、国外の財産も日本の相続税の課税対象となります。したがって、相続開始後10カ月以内に、カリフォルニア州の財産を含めて相続税を申告・納税する必要があります。

　その場合、カリフォルニア州の財産に対して、日米双方で課税される二重課税が発生しますが、日本の相続税から米国の遺産税の一定部分を控除する「外国税額控除」が認められています（日本の相続税については**Q57**、外国税額控除については**Q58**を参照）。

（5）米国で発生する費用や税金の支払い

　プロベイト手続きに関連する費用（人格代表者の報酬や弁護士・会計士の費用など）や遺産税などは、原則米国の遺産から支払われます。もし、カリフォルニア州の銀行預金だけではこれらの支払いに対応できない場合は、人格代表者の判断で、カリフォルニア州の不動産を売却し、費用や税金の支払いに充てる選択肢も出てきます。

　その場合に問題となるのは、不動産の売却に伴う譲渡益に対する課税です。米国の譲渡益は、取得価額等（Tax Basis）が原則相続開始時の時価評価額に修正（ステップアップ）されるので、売却益が出ないか、出た場合でも日本ほど多くならない可能性があります。

　一方で、日本は、被相続人の取得価額を引き継ぎますので、多額の譲渡益が発生する可能性があります（**Q56**の後半の譲渡益課税についての記述を参照）。

日米双方で譲渡益課税がなされた場合、日本の所得税から米国で課された所得税の一定額を控除することが可能です（外国税額控除）。

（6）遺産の分配

　相続人への分配は、米国の税務当局（IRS）による「遺産税申告書の確認」が終了し、「終了通知書」（Closing Letter）[注] が出されて初めて可能となります。IRSが終了通知書を出すまでに、申告書提出からおよそ1年近くかかる、といわれていますので（コロナ禍の影響で、実際には1年半〜2年かかっているケースがある）、その分相続人へ遺産が分配されるまでに相当の時間がかかることになります。

　注　プロベイトがない場合は「移転証明書」（Transfer Certificate）が発行されます。

　人格代表者は遺産の分配に当たり、遺産を受ける日本居住の相続人等よりW-8BENという書類を取得します。W-8BENは、日米租税条約に基づき米国源泉税の軽減または免除の特典を受けるために、申請者が米国非居住者であることを証明する書類です。また、遺産分配終了後かなり経ってから、人格代表者よりSchedule K-1（Form 1041）いう書類が、遺産を受け取った相続人等宛に送られてきます。このSchedule K-1は、遺産から生じた所得の明細を、その遺産を受け取った相続人等に通知する書類です。これは、「遺産の分配が行われた年の遺産（財団）の所得は、その遺産を受け取った相続人等に帰属する」との考えに基づくものです。所得は、「遺産から生じた収入−相続手続きに要した諸費用等（人格代表者や弁護士の費用等）」として計算されるため、ほとんどの場合マイナスの数字となり、Final year deductionsの項目にその数字が記載されます。したがって、ほかに米国に所得がある相続人等は、このSchedule K-1を使って米国所得税の申告を行うことで、米国の所得税を軽減することが可能となります。

さて、この事例では遺言書がないので、遺産の分配は、原則カリフォルニア州法に基づいて行われることになります。その場合は原則日本の分割協議書は使用できないことになります。なお、遺言書があり、その遺言書がプロベイトにおいて有効と認められれば、遺産はその遺言書に従って分配されることになります。

　なお、カリフォルニア州は夫婦共有財産制度の州であるため、配偶者が財産を取得する場合、配偶者財産申請（Spousal Property Petition）によって、比較的簡単な手続きで済むことが可能な場合があります。

　ただし、この方法が使えるのは、遺言や法定相続（遺言がない場合）により、配偶者のみに財産が渡る場合に限られているようです。この方法が使用可能かどうか、カリフォルニア州の弁護士に相談されるとよいでしょう。

（「W-8 BEN」の見本）

Form W-8BEN

(Rev. July 2017)

Department of the Treasury
Internal Revenue Service

Certificate of Foreign Status of Beneficial Owner for United States Tax Withholding and Reporting (Individuals)

▶ For use by individuals. Entities must use Form W-8BEN-E.
▶ Go to *www.irs.gov/FormW8BEN* for instructions and the latest information.
▶ Give this form to the withholding agent or payer. Do not send to the IRS.

OMB No. 1545-1621

Do NOT use this form if:	Instead, use Form:
• You are NOT an individual	W-8BEN-E
• You are a U.S. citizen or other U.S. person, including a resident alien individual	W-9
• You are a beneficial owner claiming that income is effectively connected with the conduct of trade or business within the U.S. (other than personal services)	W-8ECI
• You are a beneficial owner who is receiving compensation for personal services performed in the United States	8233 or W-4
• You are a person acting as an intermediary	W-8IMY

Note: If you are resident in a FATCA partner jurisdiction (i.e., a Model 1 IGA jurisdiction with reciprocity), certain tax account information may be provided to your jurisdiction of residence.

Part I   Identification of Beneficial Owner (see instructions)

1 Name of individual who is the beneficial owner

2 Country of citizenship

3 Permanent residence address (street, apt. or suite no., or rural route). **Do not use a P.O. box or in-care-of address.**

City or town, state or province. Include postal code where appropriate.

Country

4 Mailing address (if different from above)

City or town, state or province. Include postal code where appropriate.

Country

5 U.S. taxpayer identification number (SSN or ITIN), if required (see instructions)

6 Foreign tax identifying number (see instructions)

7 Reference number(s) (see instructions)

8 Date of birth (MM-DD-YYYY) (see instructions)

Part II   Claim of Tax Treaty Benefits (for chapter 3 purposes only) (see instructions)

9 I certify that the beneficial owner is a resident of _____ within the meaning of the income tax treaty between the United States and that country.

10 **Special rates and conditions** (if applicable—see instructions): The beneficial owner is claiming the provisions of Article and paragraph _____ of the treaty identified on line 9 above to claim a _____ % rate of withholding on (specify type of income): _____.

Explain the additional conditions in the Article and paragraph the beneficial owner meets to be eligible for the rate of withholding: _____

Part III   Certification

Under penalties of perjury, I declare that I have examined the information on this form and to the best of my knowledge and belief it is true, correct, and complete. I further certify under penalties of perjury that:

- I am the individual that is the beneficial owner (or am authorized to sign for the individual that is the beneficial owner) of all the income to which this form relates or am using this form to document myself for chapter 4 purposes,

- The person named on line 1 of this form is not a U.S. person,

- The income to which this form relates is:

  (a) not effectively connected with the conduct of a trade or business in the United States,

  (b) effectively connected but is not subject to tax under an applicable income tax treaty, or

  (c) the partner's share of a partnership's effectively connected income,

- The person named on line 1 of this form is a resident of the treaty country listed on line 9 of the form (if any) within the meaning of the income tax treaty between the United States and that country, and

- For broker transactions or barter exchanges, the beneficial owner is an exempt foreign person as defined in the instructions.

Furthermore, I authorize this form to be provided to any withholding agent that has control, receipt, or custody of the income of which I am the beneficial owner or any withholding agent that can disburse or make payments of the income of which I am the beneficial owner. **I agree that I will submit a new form within 30 days if any certification made on this form becomes incorrect.**

Sign Here ▶

Signature of beneficial owner (or individual authorized to sign for beneficial owner)

Date (MM-DD-YYYY)

Print name of signer

Capacity in which acting (if form is not signed by beneficial owner)

For Paperwork Reduction Act Notice, see separate instructions.

Cat. No. 25047Z

Form **W-8BEN** (Rev. 7-2017)

（「Schedule K-1」の見本）

661117

☐ Final K-1	☐ Amended K-1		OMB No. 1545-0092	

Schedule K-1
(Form 1041)

Department of the Treasury
Internal Revenue Service

For calendar year 2020, or tax year

beginning ___/___/___ ending ___/___/___

20 20

Beneficiary's Share of Income, Deductions, Credits, etc.

▶ See back of form and instructions.

Part I	**Information About the Estate or Trust**

A Estate's or trust's employer identification number

B Estate's or trust's name

C Fiduciary's name, address, city, state, and ZIP code

D ☐ Check if Form 1041-T was filed and enter the date it was filed
_____

E ☐ Check if this is the final Form 1041 for the estate or trust

Part II	**Information About the Beneficiary**

F Beneficiary' identifying number

G Beneficiary's name, address, city, state, and ZIP code

H ☐ Domestic beneficiary   ☐ Foreign beneficiary

Part III	**Beneficiary's Share of Current Year Income, Deductions, Credits, and Other Items**
1	Interest income
2a	Ordinary dividends
2b	Qualified dividends
3	Net short-term capital gain
4a	Net long-term capital gain
4b	28% rate gain
4c	Unrecaptured section 1250 gain
5	Other portfolio and nonbusiness income
6	Ordinary business income
7	Net rental real estate income
8	Other rental income
9	Directly apportioned deductions
10	Estate tax deduction

11	Final year deductions
12	Alternative minimum tax adjustment
13	Credits and credit recapture
14	Other information

*See attached statement for additional information.

Note: A statement must be attached showing the beneficiary's share of income and directly apportioned deductions from each business, rental real estate, and other rental activity.

For IRS Use Only

For Paperwork Reduction Act Notice, see the Instructions for Form 1041.   www.irs.gov/Form1041   Cat. No. 11380D   **Schedule K-1 (Form 1041) 2020**

コロナ禍での米国の相続手続き

コロナ禍の影響は、米国での相続手続きにも大きな影響を与えている、と感じています。実務を続けていく中、特に米国の裁判所、税務当局（IRS）、金融機関の対応が、以前よりもかなり時間がかかるようになってきている、との印象を得ているからです。

実際、60万人を超える米国人がコロナ禍で亡くなっており、その相続手続きで、裁判所もIRSも金融機関も多忙を極めている状況です。一方、州によっては厳しい外出制限が課され、長期間にわたって自宅待機を余儀なくされたために、実務が思うように進まない、といった事情があるものと思われます。その中で、日本居住の日本人（米国に住んでいない外国人）の相続手続きが、残念ながら後回しにされてしまうのも、仕方のないことかもしれません。

いくつかの事例を挙げてみます。

1．裁判所による人格代表者の任命書発行に時間がかかる

従来は任命の申請書を裁判所に提出してから1カ月前後で任命書が発行されていましたが、コロナ禍の影響で半年以上もかかった事例がありました。

2．税務当局（IRS）による「移転証明書」の発行に時間がかかる

被相続人が米国人の場合、従来は、IRSに申請してから4～6カ月ぐらいで移転証明書（Transfer Certificate）が発行されましたが、実際には1年半～2年ぐらいかかっているようです。移転証明書が発行されなければ、米国の金融機関は口座の解約や分配に応じてくれません。結果として、米国からの資金の回収に、従来以上に時間がかかる結果となっ

ています。

３．金融機関の対応にも時間がかかるようになっている

　「受取人指定」がされていたニューヨーク州の銀行預金の事例です。当該銀行が「受取人指定」の事実を確認するのに、非常に時間がかかりました。これは、コロナ禍で担当者が自宅待機を余儀なくされたため、「金庫に保管されている『受取人指定』の書面原本を確認することができない」ためでした。その間、受取人に指定された相続人本人が直接問い合わせをしても、なかなか対応してくれない状況が続きました。その挙句、「受取人に指定された本人が来店して、窓口で本人確認を行う必要がある」と言ってきました。コロナ禍で当面訪米が難しいため、交渉した結果、米国の弁護士宛の委任状で対応してくれることになりましたが、それまで非常に長い時間を費やす結果となりました。

コラム 3 米国の金融機関は日本居住の日本人の相続手続きに慎重？

　亡くなった方が日本居住の日本人の場合（米国にとって米国非居住の外国人の場合）、米国の金融機関が手続きに慎重となり、なかなか口座の解約に応じてくれない事例が目立ってきていると感じています。

　ある銀行預金の事例（金額が10万米ドル弱の夫婦共有名義の銀行預金）では、本来なら不要であるはずの米国税務当局の証明書（IRSの移転証明書）を頑なに求められ、最後は米国の消費者金融保護局（Consumer Financial Protection Bureau, CFPB）に苦情を提出するに至った事例がありました。

　この預金は、亡くなったお客さま（ご主人）が米国勤務中に給与口座として使用して、そのまま解約せずに残していた口座でした。したがって、特に米国の事業（Business）に関連した口座ではありません。

　この場合、米国の税法上、米国の事業に関係しない非居住者の預金は「米国外の財産」とされ、米国遺産税（Estate Tax）の対象外とされます（IRC2105 (b)(1))(注)。

　この税法上の規定を示して、何度も早期の口座解約を要求したのですが、その大手銀行は「IRSの移転証明書が必要」との態度を崩そうとしませんでした。

　この場合、2つの方法が考えられます。1つはIRSに資料を提出し、「本件は遺産税の申告が不要であるので、移転証明書は出せない」との回答書をもらう方法です。

　もう1つは、上記のCFPBに苦情を提出する方法です。IRSからすぐに回答書を受け取った事例もあるようですが、この事例では、コロナ禍の中、IRSからの回答書を得るのに時間がかかることが予想されたため、CFPBに苦情を提出することにしました。

苦情を提出したところ、なんと数日以内にその銀行から「解約に応じる」との回答を得ることができました。

　この方法が常に成功するかは分かりませんが、案件が進まず困られている状況であれば、検討されるのもよいのでは、と思います。

　注　Internal Revenue Code（米国内国歳入法）の略

コラム 4 日本の銀行による「外国払小切手取立」の終了

　日本の銀行は、令和元（2019）年５月末までに「外国払小切手の取立」を一斉に終了しました。これは、マネー・ロンダリング管理の観点から、すなわち「外国払小切手（クリーンビル）は、振出人の正確な情報を得ることが困難な取引であり、偽造・変造リスクや関連法規制の遵守に関する対応等もあること」（三菱UFJ銀行のホームページより）が理由となっています。

　「外国払小切手の取立終了」は、米国の遺産の相続手続きにも、少なからぬインパクトを与えています。せっかく苦労して、米国の金融機関の口座を解約し、資金を回収する時点になって、当該金融機関が発行する小切手の取立ができない、といった事態が生じることとなったからです。米国の金融機関は相続財産の支払いを、電信送金ではなく、原則小切手で支払うからです。米国では、どんなに金額が高額でも、郵便事情が悪くても、小切手支払いの原則は揺るぎそうにありません。

　一方、プロベイトの場合は、時間と費用がかかりますが、人格代表者から海外送金してもらうことができ、最終的には確実に資金の回収を行うことが可能です（**Q24**を参照）。

　現在、日本に所在する金融機関で、外国払小切手の取立を行うのは、SMBC信託銀行（PRESTIA）に限られているようです。そこに口座を開設すれば取立が可能となるようですが、①取立終了後すぐに口座を解約することはできない、②一定の金額を維持しなければ手数料がかかる、とも聞いています。

　なかなか悩ましい問題だと感じています。

第 4 章

生前対応
～よりスムーズな承継に向けて

Q22
生前に備えておくべきこと
海外に財産を保有する者として、生前に何を備えておく
べきでしょうか。

A 比較的長期にわたって海外に財産を保有される場合は、将来、本
人の相続が発生した場合についてあらかじめ考えておく必要があ
ります。海外財産の概要をまとめ、将来相続が発生した際に何が
問題になるかを整理しておく必要があるでしょう。所在国ごとに異なる相続
制度、税務の側面から検討し、場合によっては専門家と相談の上、財産内容
の整理、遺言書の作成等の準備をするとよいでしょう。

解 説

　10～20年といった比較的長期にわたって海外に財産を保有する場合、本人
の相続問題を避けて通ることはできません。不慮の事故などで命を落とすこ
ともありえないわけではありません。また、存命中であっても、認知障害な
どで本人による財産の管理が難しくなった場合に備え、その家族が財産の管
理や処分をスムーズに行えるように配慮しておくことも重要です。

　いざ相続という事態となった場合、「何も準備がないまま」海外に財産を
所有することは、遺されたご家族に相当の負担をかける可能性（リスク）が
あることをご認識ください。特に、相続手続きにおいてプロベイトと呼ばれ
る裁判手続きが必要となる国々（米国、英国、カナダ、オーストラリア、ニュー
ジーランド、香港、シンガポール、マレーシアなど）では、相続手続きが日
本とは大きく異なり、相当の費用と時間がかかることになりかねません。

　まずは海外財産の一覧を作成することが必要となります（**Q14**を参照）。
次に当該財産のある国、地域における相続手続きはどのように行われるのか、
事前に調べておく必要があります。共有名義の制度や、後述の米国における

受取人指定や生前信託等、費用や時間のかかるプロベイトを回避する手段があるかどうか、また、税務面で問題は生じないか等、確認すべきことはたくさんあります。仮にプロベイトがない国でも、海外財産の名義変更や現地での税務申告などの複雑な相続関連手続きは必ず発生します。

　一方、事前に十分な備えをしておくことで、相続時に想定される負担をある程度軽減させることも可能です。

Q23
生前にプロベイトを回避または軽減する方法
生前にプロベイトを回避または軽減できる方法はありますか。

生前にプロベイトを回避または軽減する方法には、財産共有名義化、受取人指定、生前信託設定、海外遺言書作成など様々な方法があります。どの方法が最もよいかは、個別事情によります。

解　説

　米国を例にすると、プロベイトを回避する方法としては、次の❶～❺の方法が挙げられます。また、プロベイトは回避できないものの、プロベイトの負担を軽減する方法として、❻の方法を挙げることができます。ただし、プロベイトを回避または軽減した場合でも、税務申告や債務整理などは別途必要となりますので、現地の専門家への相談は避けられません。

　❶少額財産
　❷財産共有名義化
　❸受取人指定
　❹生前信託設定
　❺日本法人による保有
　❻海外遺言書作成

以下、それぞれについて簡単に説明します。

❶少額財産

　米国では、州が定める一定額 (注1) 以下の財産（主に動産ですが、一部の州においては特定の不動産も可能です）については、プロベイト手続きを経ずに相続手続きを行うことが認められています。また、州によっては、「簡易版プロベイト」で済む場合があります。

注1　州や財産の種類により異なります。例えば、カリフォルニア州では（プロベイトの対象外となる財産を除く）166,250米ドル以下の動産や、55,425米ドル以下の不動産については、プロベイトを経ずに宣誓供述書（Affidavit）による手続きが認められているようです。また、ハワイ州では、100,000米ドル以下の動産について、ワシントン州では不動産を保有していない場合には100,000米ドル以下の動産について、宣誓供述書での対応が可能なようです。また、上限を75,000米ドルとしているテキサス州などもあります（金額は2021年7月現在の情報に基づくものです）。詳しくは巻末の「参考資料1」（P.197）をご参照ください。いずれにしても、州ごとでプロベイト要否の要件が異なっていますので、事前に現地の弁護士等の専門家にご相談ください。

❷財産共有名義化

　米国にある財産は、「生存者受取権付」（with Right of Survivorship）の共有名義とすることにより、相続開始後、プロベイトを経ずに他方の共有名義者へ財産を承継することができます。なお、ここで重要なのは、共有名義にすればプロベイトをすべて回避できるというわけではないということです。米国における共有の形式は様々なものがあり、その形式によってはプロベイトを回避できない場合がありますので注意する必要があります（**Q29**を参照）。

　財産の共有名義化に当たっては、日米それぞれの贈与税についても考慮する必要があります。資金を出していない人が名義人として加わることは、資金を出した人からの贈与とみなされるおそれがあるからです。

　最近、日本の税務当局は、海外にある共有名義の財産について調査を強化しているようですので、プロベイト回避だけを目的とした安易な共有名義化は、かえって税金を余計に支払う可能性もあることから、避けたほうがよいでしょう。

　財産の共有名義については、**Q29〜Q34**をご参照ください。

❸受取人指定

　生命保険や退職年金口座と同じように、預金口座や証券口座などの金融資産においても、相続が開始したときの受取人を金融機関にあらかじめ届けておくことで、プロベイト手続きを避けることが可能です。金融機関の所定の用紙に受取人の名前を記入するだけの簡単な手続きで済み、受取人の署名も不要で、しかも無料で行うことができます。

　一般的には、預金口座については「死亡時受取人指定口座」（Payable-on-Death（POD）Accounts）、証券口座については「死亡時承継人指定登録」（Transfer-on-Death（TOD）Registration）と呼ばれています。ただし、口座の種類によってPODやTODの設定が不可能な場合があります。また、証券口座のTODの場合、証券会社によっては、日本人などの非居住外国人が契約者であるとき、TODの設定を認めないところもあります。いずれにしても各金融機関に受取人指定ができるかどうか確認する必要があります。

　なお、受取人に指定した人が先に死亡する場合に備えて、代替の受取人（Alternate Beneficiary）を指定しておくことが可能な場合もあるようです。

　受取人指定は、一般的には金融資産に対する対応ですが、不動産についても半数以上の州^(注2)では受取人指定を認めています。

　受取人指定について詳しくは、**Q36**をご参照ください。

注2　アリゾナ、インディアナ、オハイオ、ハワイ（2011年7月より）、カリフォルニア（2016年1月より）などの30州（2021年7月現在）にのぼっています。ただし、カリフォルニア州は、対象となる不動産を居住用不動産等に制限しているようですし、2022年1月1日には失効する予定（ただし、延長される可能性あり）とのことです。主な州の比較については、巻末の「参考資料1」（P.197）をご参照ください。

❹生前信託設定

　生前信託とは、自身の相続が発生したときに、プロベイトを回避しながら

財産を承継させる方法で、米国で広く利用されています。財産の承継方法を記載している点では遺言書とよく似ていますが、遺言書との大きな違いは、生前信託の名義となった財産については、プロベイトを経ることなく、相続手続きを行うことが可能となる点です。なぜなら、生前信託設定時に、財産の名義を個人から信託の受託者名義に変えるため、法的には財産は設定者個人のものではなくなるからです。

　なお、生前信託の設定は米国弁護士に信託契約書の作成を依頼する費用と、財産の名義を信託受託者名義に変更する手続きの費用が必要となります。

　また、複雑な仕組みの生前信託を設定すると、日本の税務上、課税対象とされる場合があるといわれています。

　生前信託について詳しくは、第6章をご参照ください。

❺日本法人による保有

　日本の法人が米国に財産を所有している場合、法人のオーナーが亡くなられても、財産の名義は法人なのでプロベイトの必要はありません。相続が発生した際には、単に米国の財産を所有する当該法人の株式（オーナー持分）が、相続人に承継されるのみです。ただし、安易に個人の海外財産を日本法人の所有にすることは、日米双方における税務上の問題などが生じる可能性もあるため注意する必要があります。

❻海外遺言書作成

　財産がある国や地域の法律に基づいて、あらかじめ遺言書を作成しておく方法です。例えば、米国ハワイ州に財産があれば、ハワイ州法に基づく英文の遺言書を作成し、相続が開始すると、その遺言書を使い、プロベイト手続きを行うのです。

　あらかじめ遺言書を作成しておくことで、プロベイト手続きを簡素化することが可能となります（例えば、ワシントン州の場合、遺言執行者の保証金提供義務を免除したり、簡素化されたプロベイトを求めたりすることが可能

です）。また、生前信託と違い、財産の名義を変える必要はないため、遺言
作成の費用は、一般的に生前信託よりも安くなります。

　海外遺言書について詳しくは、第5章をご参照ください。

Q24
プロベイトは回避すべきか
プロベイトは必ず回避すべきものですか。プロベイトを
経たほうがよい場合もありますか。

米国の州によっては、プロベイトはそれほど負担にならない場合
があり、あえてプロベイトを経たほうがスムーズに手続きが進む
場合もあります。

解　説

　多くの人は、プロベイトはできれば避けたい、または避けるべきと考えます。なぜなら、プロベイトは、これまで述べてきたように、①時間も費用もかかる、②プロベイト期間中財産を自由に利用・処分できない場合がある、③プライバシーが確保できないなど、いろいろと問題が多い手続きだからです。

　しかし、州によっては、プロベイト手続きの簡易化が進み、それほど負担とならない場合もあります。例えばワシントン州では、相続関連の法整備が進んでおり、裁判所の関与を最小限に抑えたプロベイトが主流となっています。

　また、あえてプロベイトを経たほうがよい場合もあります。例えば、亡くなった人が多額の借金を抱えていた場合等がそれに当たります。プロベイトの手続きでは、「債権者に対する債権請求期間」が設定されますが、当該期間を過ぎると、無担保の債権者は当該遺産に対する一切の権利を主張できなくなります。これにより、相続人は、プロベイトを経た財産を承継した後に、隠れた債務を負担する可能性などを心配する必要がありません。ただし、この債権請求期間の長さは州によって異なりますので、注意する必要があります。例えば、ニューヨーク州は7カ月、カリフォルニア州、ワシントン州、ハワイ州など多くの州では4カ月となっています（2021年7月現在の情報に

基づくものです）。ちなみに、ワシントン州など一部の州では、プロベイトを介さない遺産についても同じく一定期間内に債務整理が行われるように法律が整備されているところもあります。

　プロベイトを経たほうがよい2つ目の事例としては、相続人間で財産の配分について意見が対立し、収拾の目処が立たない場合が挙げられます。このような場合は、法律に則った公平な遺産配分につき、プロベイト手続きの中で裁判所の判断を仰いだほうがよいと考えられます。

　プロベイトを経たほうがよいかもしれない3つ目の事例は、米国からの相続財産（資金）の受取方法に関するものです。米国の金融機関は、亡くなった人が所有していた口座の解約資金を相続人に渡すとき、原則米ドル建ての小切手で支払います。

　しかしながら、ほとんどの日本の銀行は、外国払小切手の取立業務を終了しており、やっとの思いで米ドル建て小切手を受け取っても、資金の取立に苦労する状況が出てきました（「コラム4」（P.71）を参照）。その点、プロベイトの場合は、人格代表者が相続人等の指定口座（相続人の取引銀行の口座）に海外送金を行うことが可能なので、上記のような問題は発生しません。

　一般的に、プロベイトは回避したほうがよいといわれていますが、プロベイトの利点もしっかりと把握した上で、個別の状況を総合的に判断し、事前に対策を考えることが重要といえます。

Q25

プロベイトの対象とはならない財産

プロベイトの対象にならない財産はありますか。

プロベイトの対象とはならない財産があります。

解　説

　プロベイトを回避・軽減する手段は**Q23**で説明しましたが、ここでは、それ以外の財産で、プロベイトの対象とはならない財産について説明します。

❶生命保険などあらかじめ受取人が指定されている財産

　生命保険、個人退職年金口座（IRA）や401（k）プランなどの退職年金口座などは、あらかじめ受取人が指定されている財産です。ただし、受取人指定をしなかった場合や、受取人が先に死亡している場合などは、契約上「口座所有者の遺産財団（Estate）を受取人とみなす」とされている場合が多いので、その場合は、プロベイトが必要となります。

❷州法によって規定されている財産

　家財などのように、家族の日常生活に必要であり、それほど高い価値ではないものについて、プロベイトを経ずに直ちに家族のものとなるように州法で規定されている財産があります。

❸賃金など

　未払賃金については、プロベイトを経ずに直接家族に支払われます。ただし、多くの場合、州法で金額の上限を定めています。例えば、ワシントン州では2,500米ドルまでです。

❹自動車

　多くの州では、プロベイトを経ずに自動車の名義変更を認めています。ただし、台数に制限があるところもあり、注意する必要があります。

米国のエステイト・プランニング
米国における一般的な生前対応（エステイト・プランニング）にはどのようなものがありますか。

米国における「エステイト・プランニング」の考え方は、単なる「遺産相続への対応」や「税金対策」よりも幅広く、遺言書だけでなく、委任状の作成や信託の設定など様々な対策を取ります。

解 説

　米国のエステイト・プランニングでは、一般的に以下のような対策をします。

- ・死後の財産分与のみでなく、生前に自ら財産を管理できなくなった場合の対策
- ・離婚した場合のことを考えての「万が一」のプランニング
- ・未成年の子がいる場合に本人に何かがあったときの対策
- ・何らかの理由で医療行為に対する意思表示ができなくなった場合に代行決定権を持つ人の指名

　つまり、エステイト・プランニングとは、人生に起こり得る様々な状況を予想し、対策を備えておくための計画のことです。

　日本と比べて米国では、お金持ちでなくても、また若い世代でも、エステイト・プランニングが比較的盛んに行われています。街中の文房具屋に、エステイト・プランニングに必要な書類の雛型が売られているほどです。

〔エステイト・プランニングで用いられる書類〕

　米国におけるエステイト・プランニングで用いられる書類は、一般に**遺言**

書（Will）と委任状（Durable Power of Attorney）の２つが必須のものです。状況に応じ、生前信託などその他のプランをこれに追加します。

　遺言書は、本人の死後の財産をどのように分配するかを定める書類で、その死後にその法的効力を発します。一方、委任状は、遺言書とは対照的に、それを作成した人の生前に法的効力がある書類です。本人が何らかの理由で意思表示ができなくなった場合に、誰が代わりにいろいろなことを決定するのかをあらかじめ指定しておくものです。エステイト・プランニングで使われる委任状には２種類あり、財産に関するものと、健康・医療行為に関するものに分かれます。医療行為に関しては、延命措置や臓器移植に関する意思表示を委任状に定めておくことができます。

　委任状の効力開始時期は、署名した時点のものと、意思能力が衰えたことを示す診断書を医師などが提示した時点のものと２通りあり、最近では、署名した時点から有効となる委任状を選択するケースが増えているようです。

〔エステイト・プランニングは誰にでも必要なもの〕

　「エステイト・プランニングは裕福な人のためのもの」とは限りません。財産の多寡や家庭の事情は様々ですが、前述の委任状は本人の意思表示が不能になってしまった場合の対策ですので、財産の多寡に関わらず必要なものです。米国は訴訟社会であることから、銀行や病院は間違いを犯さないために、法的な文書を要求してくる場合が多いのです。そのような法的な文書がない限り、本人の情報を公開したり、口座にアクセスさせたり、医療行為の合意書への署名を有効と認めたりすることはほとんどありません。つまり、本人が意思表示できない状況下では、委任状のような法的な書類がないと何も手続きできない可能性が高くなるのです。

　遺言書に関しても同じで、「財産の分与は法定相続のままでよい」という人であっても、遺言書でプロベイトを簡素化するように指示（これは州によってかなり違いがありますが、例えばワシントン州の場合、遺言執行者の保証金提供義務を免除することや、簡素化されたプロベイトを要求すること

などが可能です）しておくことや、信託の設定を盛り込むことで、遺族の手間や費用を抑え、プロベイトの負担を軽減することが可能となります。また、未成年の子がいる場合は、両親とも不慮の事故などで死亡してしまったときの子の法的保護者を遺言書によって指定することもできます。したがって、米国で生活し、財産を持っている人は、委任状のみならず遺言書を作成することをお勧めします。

2. 遺言書、生前信託、委任状

Q27
遺言書、生前信託、委任状の違い
海外での生前対応において、遺言書、生前信託、委任状という言葉をよく聞きますが、それぞれどのようなものでしょうか。

A
遺言書、委任状はQ26で解説したとおりですが、生前信託とは、「リビング・トラスト」とも呼ばれ、財産の分配方法を指定する遺言書の機能に加え、プロベイトの回避を可能とする、特に米国で人気がある生前対応です。

解　説

米国の弁護士と、生前における対応について話をするとき、**遺言書**、**生前信託**、**委任状**といった書類の名前がよく出てきます。これらの書類は同じようなものと感じますが、実はそれぞれ異なる性質・機能を持った書類です。

生前信託（**Living Trust**）は遺言書と同じように、本人が死亡したときに財産を誰にどのように承継させるかを、あらかじめ指定できる書類です。遺言書ではプロベイトを回避することができませんが、生前信託ではプロベイトの回避が可能となる点が、両者の大きな違いといえます。州によってはプロベイトが非常に煩雑で多額の費用がかかりますので、そのような州では生前信託を使う人が多くなります（生前信託の概要については**Q46**を参照）。

ただし、生前信託の活用によりプロベイトを回避できるのは、あくまで信託した（信託の受託者名義に名義変更された）財産に限られます。そのため、いったん信託を設定した後も、新たに財産を取得した場合などは、その財産に対するプロベイトを回避するために、その都度信託の受託者名義に変更しなければなりません。

なお、信託を設定していない財産に対し、自身の意思能力がなくなった後

に信託を設定するには、**委任状**（**Durable Power of Attorney**）による正式な受任者が手続きを行う必要があります。実務的には信託の受託者と同じ人・法人が当該委任状の受任者となることが多いようです。また、委任状では財産管理だけでなく、医療行為などへの合意に関する権限も含まれますので、財産を生前信託する場合でも委任状を作成しておくべきでしょう。

委任状については、**Q26**をご参照ください。

遺言書や生前信託の見直しについて

遺言書や生前信託は一度作れば一生安心でしょうか。

定期的に見直すことをお勧めします。というのも、一度作成した遺言書や生前信託も、財産内容や気持ち、家族構成、法制・税制などの変化により、必ずしも適切ではなくなる可能性があるからです。

解　説

　遺言書や生前信託は、手間ひまかけて一度作成すると安心してしまいますが、定期的に見直しを行うことが重要です。なぜならば、時間の経過とともに財産内容をはじめ、本人を取り巻く環境などにいろいろな変化が生じ、当初作成した遺言書や生前信託の内容では必ずしも適切ではなくなる可能性があるからです。

　遺言書や生前信託の見直しのタイミングは各人で異なりますが、財産内容の変化（新たな財産の取得、処分）、気持ち（考え）の変化（配分内容の変更）、家族構成の変化（財産の承継対象者の変化）、税制の変化（想定していた節税・課税の繰延べなどが得られない等）などがあった際に行うのが一般的です。

Q29 共有名義とは
共有名義とは何ですか。共有にもいろいろ種類があると
聞きましたが、何か注意することはありますか。

A 共有名義とは、財産を複数の人が共同で所有することです。共有には、合有、夫婦合有、夫婦共有財産など様々な種類があります。
共有の種類によっては、プロベイトを避けられないものもありますので、注意する必要があります。
（関連：Q17、Q30〜Q34）

解　説

　共有名義とは、財産を複数の人が共同で所有することです。海外では、日本でいわれる「共有」とはかなり異なる形態が見られます。例えば米国では、以下の共有形態を挙げることができます。このうち、❶〜❸-1はプロベイトの回避が可能です。

❶Joint Tenancy with Right of Survivorship

　生存者受取権が付された「合有」

❷Tenancy by the Entirety

　「夫婦合有」

❸-1 Community Property（with Right of Survivorship）

　生存者受取権が付された「夫婦共有財産」

❸-2 Community Property（without Right of Survivorship）

　生存者受取権が付されていない「夫婦共有財産」

❹Tenancy in Common

　生存者受取権が付されていない共有

　なお、共有名義の財産には、生存者受取権（Right of Survivorship）が付

されているものと付されていないものがあります。生存者受取権付きの共有財産（合有など）の場合は、共有者の片方が先に亡くなったとき、当該財産に係る権利は消滅し、遺された共有名義者の単独所有になります(注)。一方、生存者受取権が付されていない共有財産の場合は、共有者の片方が亡くなっても、遺された共有者の単独所有とはなりません。

　以下、それぞれの共有形態について説明します。

❶Joint Tenancy with Right of Survivorship（合有）

　「合有」とは、生存者受取権が付された形で、複数の人が平等に財産を所有する形態です。この形で所有されている財産では、合有者の1人が亡くなったときに、プロベイトを経ずに遺された合有者の単独所有となります(注)。実際の手続きは、必要事項を記載した書類に死亡証明書を添えて提出するだけで完了するようです。

　ただし、最後の所有者が亡くなった場合、ほかの回避策を講じていなければ、プロベイトを回避することはできません。また、非常に稀なケースですが、合有者全員が同時に死亡した場合も、プロベイトを回避することはできません。

　合有者は自分の持分をほかの合有者の同意なしに第三者に譲渡することは可能ですが、その場合は、譲渡を受けた第三者の持分はJoint Tenancyから後述のTenancy in Common（生存者受取権が付されていない共有）に変わります。

　Joint Tenancyの効力は遺言書や生前信託よりも強く、例えばほかのJoint Tenant（合有者）以外の第三者に遺すという遺言があっても、被相続人の権利は相続開始時に消滅しているので、遺言の対象財産にはならないのです。もし第三者に遺したいと考えるのであれば、Joint Tenancyを解消して、生存者受取権の付されていないTenancy in Commonとし、自身の持分割合を第三者に遺すという遺言書を作成することになるでしょう。

❷Tenancy by the Entirety（夫婦合有）

　夫婦による合有の場合、多くの州では、Joint Tenancyではなく、Tenancy by the Entirety（夫婦合有）の形態で権利を取得することになります（本書では、内容を理解しやすいように、Tenancy by the Entiretyを「夫婦合有」と訳します）。これは、Joint Tenancyによく似ていますが、婚姻関係にある夫婦に対象が限定されている仕組みです。夫婦の一方が亡くなると、プロベイトを経ずに遺された配偶者の単独所有となります^(注)。また、Joint Tenancyと異なり、どちらかが勝手に自分の持分を処分することはできません。この所有形態は〔**図表4－1**〕の州で利用が可能です。

〔**図表4－1**〕Tenancy by the Entirety（夫婦合有）制度を採用している州

アラスカ*	ミズーリ
アーカンソー	ニュージャージー
デラウェア	ニューヨーク*
コロンビア特別区	ノース・カロライナ*
フロリダ	オハイオ* ※2
ハワイ	オクラホマ
イリノイ**	オレゴン*
インディアナ*	ペンシルバニア
ケンタッキー*	ロードアイランド*
メリーランド	テネシー
マサチューセッツ	バーモント
ミシガン※1	バージニア
ミシシッピ	ワイオミング

　*　　不動産のみ

　**　自宅財産のみ

　※1　夫婦によるJoint Tenancyは自動的にTenancy by the Entiretyとなる。

　※2　1985年4月4日より前に設定された場合のみ。

　出所：NOLO 8 Ways to Avoid Probate 13th Edition

❸Community Property（夫婦共有財産）

Community Propertyとは、婚姻期間中に夫婦が取得した財産は、たとえその財産が一方の単独名義となっていたとしても、贈与・相続で個別に取得したものなど一部の例外を除き、夫婦がそれぞれ１／２ずつ財産を所有することになるという財産制度です。

この制度は採用している州と採用していない州がありますが、カリフォルニア州のようなCommunity Propertyを採用している州では、契約書で別途の取決めをしない限り、自動的にCommunity Propertyとなります。

なお、Community Propertyにも種類があり、生存者受取権（Right of Survivorship）が付されている場合と付されていない場合とに分かれます。生存者受取権付き（with Right of Survivorship）のCommunity Propertyは、片方の配偶者が亡くなったとき、プロベイトを経ずに遺された配偶者の単独所有となります[注]。一方、生存者受取権が付されていないCommunity Propertyでは、そのままでは当然にプロベイトを回避することはできないので、名義の持ち方には注意する必要があります。そのため、財産登録（登記）を行う際に、財産が所在する州法に詳しい弁護士とご相談ください。

❹Tenancy in Common（生存者受取権が付されていない共有）

日本の共有と同じように、持分概念のある共有です。生存者受取権が付されていないため、共有者の１人が亡くなると、その人の持分割合に係る相続手続きにおいて、原則プロベイト手続きを行う必要があります。前記❶と異なり、他方の共有者が当然に単独所有者となるわけではありません。

注　合有者が生存中は各自それぞれ財産全体を所有しており、うち１人が死亡するとその人の権利は死亡時に単に「消滅」するからです。亡くなった合有者からほかの合有者に移転する遺産がないので、プロベイトは不要となります。ただし、米国遺産税上は、先に亡くなった合有者が有していた権利の価値は、同人の遺産に含められて課税されます。

Q30 夫婦共有財産制度とは

カリフォルニア州に賃貸不動産を所有しています。同州はCommunity Property制度（夫婦共有財産制度）があると聞いていますが、どのような制度ですか。

A 夫婦が婚姻期間中に取得した財産は、たとえその財産が一方の単独名義となっていたとしても、夫婦の共有財産となる制度です。Community Propertyを採用している州は、カリフォルニア州、ワシントン州など、全米でも10州に限られています。Community Propertyだからといって、自動的にプロベイトを回避することができるわけではありません。

解　説

Q29で触れたように、Community Property制度（夫婦共有財産制度）とは、婚姻期間中に取得した財産は、たとえ一方の単独名義となっていたとしても、贈与・相続で個別に取得したものなど一部の例外を除き、夫婦がそれぞれ１／２ずつ所有することになるという財産制度です。Community Propertyで所有されている財産については、その財産を売却あるいは抵当に入れる場合は、双方の同意が必要となります。

カリフォルニア州のようなCommunity Propertyを採用している州に住んでいる夫婦において、婚姻期間中に取得した財産は、契約書で別途の取決めをしない限り、自動的にCommunity Propertyとなります。ただし、夫婦の一方が贈与もしくは相続により受け取った財産については、Community Propertyの対象となりません。また、結婚前に所有していた財産は、特に変更しない限り、引き続きそれぞれの所有とされ、Separate Propertyと呼ばれます。Community Property制度を採用している州は〔**図表４－２**〕のとおりです。

〔図表４－２〕 Community Property制度を採用している州

アラスカ※	ネバダ
アリゾナ	ニューメキシコ
カリフォルニア	テキサス
アイダホ	ワシントン
ルイジアナ	ウィスコンシン

※　配偶者がCommunity Propertyの契約書に署名した場合のみ有効。
出所：Nolo 8 Ways to Avoid Probate 13th Edition

　Community Propertyで所有されている財産は、遺言書なしで夫婦の一方が死亡した場合、多くの州では遺された配偶者に渡ります。これは相続権が配偶者にあるという意味ですので、相続の手続きとしては基本的にプロベイトが必要となります。しかし、Community Propertyに生存者受取権が付されている場合や別途受取人が指定されているなど、前述のプロベイトを回避する形式である場合にはプロベイトは不要です。

　Community Property制度は州によって内容が異なります。また、規定はたびたび変更されるようです。まずは該当する州の弁護士に相談しましょう。

　なお、Community Propertyは、税務面でJoint Tenancyとは異なる扱いとなる場合があります。

　Community Propertyにおいて、一方の配偶者が亡くなったとき、その財産全体の取得価額等（Tax Basis）は、その配偶者の死亡時の時価評価額に修正（ステップアップ）されます。したがって、その後、その財産を売却しても譲渡益が出ないか、出たとしても少なくなる可能性があります。

　一方、２人がJoint Tenancyで所有する財産において、一方の所有者が亡くなったとき、取得価額が修正されるのは、亡くなった人が所有していた半分の部分のみとなります[注]。

　注　州によっては、Community PropertyをJoint Tenancyとして所有することが可能なところもあるので、現地弁護士の確認が必要です。

Q31 共有名義の問題点

海外にある財産は共有名義にしておけば安心ですか。

A 生存者受取権が付された共有形態であれば、プロベイト回避は可能ですが、一方で税務（贈与税または相続税など）の問題が発生するおそれがあります。共有名義にする場合は、必ず税務の専門家に相談しましょう。

解　説

生存者受取権（Right of Survivorship）が付された共有であれば、プロベイトを経ずに相続手続きを行うということが可能であり、プロベイトを回避できることは大きなメリットです。

しかし、財産の共有名義化には、その時点で日本と海外の双方において贈与税が発生する可能性があることに注意する必要があります。資金を拠出していないにも関わらず所有権を持つということは、当該財産の取得資金を拠出した人から贈与されたとみなされる可能性があるからです（特に不動産の場合。注を参照）。

最近、日本の税務当局は、特に海外財産における共有名義に対し、贈与税や相続税の申告漏れの可能性が高いとして注意を払っているようです。

また、海外でも贈与税が発生したり、共有名義にした時点では税金がかからなくても、共有者の死亡後に相続税に相当する税金が課されたりする可能性があります（米国では、生存者受取権が付いた共有名義の銀行口座および証券口座の場合、資金を拠出した人が自由に全額引き出せる状態であれば共有名義口座を開設した時点で贈与にはなりませんが、その後、資金を拠出していない共有名義者が資金を引き出した段階で贈与と判断されます）。

共有名義化を行う場合は、必ず税務の専門家にも相談する必要があります。

注　米国の不動産を合有（夫が購入資金をすべて拠出したものの、妻の名義を入れたケース。合有については**Q29**を参照）で所有した場合の日本の贈与税については**Q17**および**Q33**をご参照ください。また、同様のケースで裁判で争われた事例があります。この裁判では「妻は、不動産購入代金の2分の1を夫から贈与により取得した」と判断され、贈与税が課される結果となりました（東京高等裁判所平成19（2007）年10月10日判決）。なお、預金口座等のJoint Accountの贈与税の問題については**Q32**をご参照ください。

Q32 海外銀行口座に見られる特殊な保有形態
海外の銀行における「Joint Account」とは何でしょうか。これによって、プロベイトの回避は可能ですか。

A 「Joint Account」とは、共有名義預金口座のことであり、海外金融機関（銀行）では、一般的な口座の保有形態の一種です。複数の名義人が１つの預金口座を維持・管理する仕組みで、仮に名義人の１人が死亡した場合でも、プロベイトを経ずにほかの名義人に当該口座は引き継がれます。

解　説

　海外の金融機関（銀行）の中には、預金口座を開設する際に、単独名義（Single Account、Individual Account）か共有名義（Joint Account）かを選べる場合があります。この共有名義口座は、複数の名義人で１つの口座を所有する一種の共有形態です。口座を開設している金融機関が、Joint Accountに対応している場合は、単独名義の口座であっても、共有名義者として追加したい方とともに金融機関の窓口に行き所定の手続きを行うことで、Joint Accountに変更することも可能です。

　Joint Accountになっている口座は、共有名義者の１人が亡くなった場合でも、プロベイトを経ずにほかの名義人に口座が引き継がれるため、プロベイト回避策としても有効です。なお、Joint Account（夫がすべて拠出したものの、妻の名義を入れているケース）に対する日本の贈与税の問題ですが、預金の原資は夫が稼得したもので、夫が実質的にお金を管理している場合は、その口座開設のみをもって夫から妻への贈与がなされたという取扱いにはならないようです。ただし、口座を解約して、妻が管理する妻単独名義の口座に移した場合には、その時点で贈与税が課される可能性があります。

　米国も、日本と同様の扱いのようです。

Q33 共有名義の不動産にかかる税の問題点
不動産業者の勧めでハワイの不動産を購入するときに「夫婦共有名義」としました。実際はすべて私がお金を拠出していますが、贈与税の観点から問題はありませんか。

A 日本と海外のそれぞれにおいて贈与税が課される可能性があります。夫婦共有名義を検討する際は、必ず税務の専門家に確認してください。安易な共有名義化は避けたほうが無難でしょう。

解　説

　共有名義者の一方だけがお金を拠出しているのであれば、たとえ海外にある財産であっても、資金を拠出した人が日本に居住している限り、原則として日本の贈与税の課税対象となります。海外の財産が日本の課税対象とならないのは、両者がともに贈与の時点で10年超海外に居住しているなどの非常に限られた状況のときだけです（**Q57**を参照）。

　最近、日本の税務当局は、日本人が海外に所有する財産について、所得税・贈与税・相続税の申告漏れがないかを確認していると聞きます。特にハワイの不動産の名義などの情報は、インターネットで比較的簡単に調べることが可能なため、ハワイの共有名義財産について、日本の税務当局からヒアリングを受けるケースも出てきているようです（**Q17**を参照）。

　一方、海外において贈与税が課されるか否かについては、その国の贈与税の条件を確認する必要があります。ちなみに、米国では、日本と異なり、贈与をする側に贈与税が課されます。

　なお、米国では、どちらかが米国市民でない夫婦による共有名義の不動産の場合は、特例により購入時点での贈与とはみなされず、売却時点で拠出元である配偶者に売却金が戻らない場合に贈与とみなされます。

また、この場合、夫婦のどちらかが先に死亡したときは、遺された配偶者が自分の拠出分を証明できる場合に限り、先に死亡した配偶者の拠出分のみが遺産税の課税対象となります。証明できない場合は、先に死亡した配偶者が100％拠出したものとして、すべてが遺産税の課税対象となります。

　いずれにしても、税制は年々変更されるものでもあり、夫婦共有名義を検討する際には、税務の専門家に確認することをお勧めします。

Q34

合有名義と遺言書
夫婦で共同購入した夫婦共有名義のハワイのコンドミニアム（分譲マンション）を、夫婦とも死亡した後、最終的に長男に相続させたいのですが、遺言を書けば可能でしょうか。

A 可能です。ただし、共有の種類（Q29を参照）によっては、例えば当該コンドミニアムが生存者受取権（Right of Survivorship）が付されたJoint Tenancy（合有）あるいはTenancy by the Entirety（夫婦合有）で所有されている場合は、配偶者が生存している間に配偶者以外の人に遺すという遺言書は適用されません。しかし、配偶者が死亡した後に関する遺言であれば有効です。例えば、配偶者が本人より先に（または同時に）死亡した場合は長男に遺す内容の遺言書を夫婦それぞれが書くことで、最終的にその長男に渡すことが可能となります。

解　説

　生存者受取権（Right of Survivorship）が付された「合有」（Joint Tenancy）や「夫婦合有」（Tenancy by the Entirety）の場合、一方の配偶者に相続が発生すると、各州法に基づいて遺された配偶者の単独所有となります（**Q29**の注を参照）。この「合有」や「夫婦合有」の効力は、一般的に州法上、遺言書や生前信託よりも強いとされていますので、「合有」や「夫婦合有」と異なる取決めを遺言書や生前信託で行っても、その取決めは効力を持たないことになります。例えば、配偶者が生存している場合に長男に遺す遺言は適用されません。配偶者が生存している間でも長男に遺したいのであれば、生存者受取権を解消するなど、共有形態を変える必要があります。

　しかし、例えば、配偶者も死亡していた場合、長男に財産を遺す遺言は有

効であり、配偶者が本人より先に（または同時に）死亡した場合は長男に遺す内容の遺言書を夫婦それぞれが書くとよいでしょう。そうすれば、夫婦の片方が亡くなって財産が遺された配偶者に渡された後、さらに遺された配偶者も亡くなったときに、遺言書に基づき長男に財産が渡ることになります。

ニューヨークでの不動産所有

ニューヨークのアパートメントでは、コープ（Co-op）という特殊な所有形態があると聞きましたが、どのような所有形態なのでしょうか。

法人が不動産を所有し、住人はその法人の株式を購入することで、その不動産を占有する権利を得るという所有形態です。

解　説

　ニューヨークのアパートメントにおいて、特に古い物件では、通常の所有（Ownership）とは異なるコープ（Co-op、Housing Cooperative）という所有形態が散見されます。

　コープでは、不動産を直接所有するのではなく、法人が不動産を所有し、住人はその法人の株式を購入することで、当該不動産を占有する権利を得ます。

　コープでは、購入・売却・改装・賃貸といった取引だけでなく、相続手続きにおいても、ボード（Board：住人の代表者からなる委員会）の承認が必要となるなど、手続きに手間がかかるようなので、注意が必要です。

　一方で、住人を選定できる、管理費を相対的に安くできる、などのメリットもあるようです。

　ニューヨークでアパートメントを購入する場合は、所有形態がコープなのか否か、事前に確認しておくとよいでしょう。

Q36

財産の受取人指定

ニューヨークの銀行と証券会社で資産運用をしていま
す。また、ハワイにもコンドミニアム（分譲マンショ
ン）を所有しています。プロベイトを回避するにはどう
したらよいでしょうか。

相続開始時の受取人をあらかじめ指定することにより、プロベイ
トを回避することが可能となる場合があります。

（関連：Q15、Q23、巻末参考資料１）

解　説

　米国の銀行口座や証券口座などで保有する金融資産は、相続開始時の受取
人をあらかじめ指定しておくことができるタイプのものもあります。極めて
簡単な手続きでプロベイトを回避することが可能です。また、米国の30の州(注)
（2021年７月現在）では不動産についても、相続開始時の受取人の指定が可
能となっているようです。

　受取人指定は、UPC（統一プロベイト法典）と同内容の法を持つ州では、
「後の遺言によっても変更できない」としているところもあるようです。一方、
ニューヨーク州は、遺言により受取人指定を変更することを認めているよう
です。

　また、指定する受取人の年齢が低いとき、自身の相続開始時に受取人がま
だ未成年（米国では州によって年齢が異なる）である場合に備えて、
Custodian（未成年者の財産管理人）を指定するなどの対応を行う必要があ
ります。詳しくは**Q45**をご参照ください。

　それぞれについて説明します。

❶銀行口座における受取人の指定：

Payable-on-Death（POD）Accounts

　銀行口座における受取人指定は、Payable-on-Death（POD）Accountsと呼ばれる方法です。口座開設時にPODの口座を依頼し、受取人を事前に銀行に通知しておくだけで、相続開始後、州法の規定に基づき、プロベイトを経ずに指定した受取人に資金を承継させることができます。

　PODで受取人として指定されていても、その人は、口座の所有者が生存している間は、その口座について何の権利も持っていません。口座所有者は生存中そのお金を自由に使ったり、別の受取人を指定したり、口座を解約することができます。

　受取人指定は極めて簡単な上、無料で行うことができます。銀行の所定の用紙に受取人の名前を記入すれば済み、受取人の署名は要求されません。複数の受取人の指定や受取割合の指定が可能な場合もあります。また、指定した受取人が先に死亡した場合に備えて、代替の受取人（Alternate Beneficiary）を指定することも可能な場合がありますが、銀行または州によって対応できないところもあるようです。また、口座の種類によっては受取人指定ができない口座もあるので、各金融機関にお問い合わせください。

　口座所有者に相続が発生したときは、受取人に指定されている人が口座所有者の死亡証明書（**Q16**を参照）と、受取人自身の本人確認書類を銀行に提示することにより、プロベイトを経ずに資金の支払いを請求することができます。なお、その資金の支払いがその口座の当事者間の権利関係と異なっていたとしても、銀行は一切責任を負わない（免責される）と規定している州もあるようです。

❷株式や債券などの証券口座における受取人の指定：

Transfer-on-Death（TOD）Registration

　米国では、州法の規定に基づいて、多くの証券会社が、株式、債券などの証券口座をプロベイトなしで承継させるTransfer-on-Death（TOD）

Registrationという口座形態を認めています。

　証券口座での受取人の指定は、前述のPODと同様に簡単で、証券会社や発行会社に対し受取人を指定する所定の用紙を提出すれば済みます。インターネットでできる場合もありますが、それぞれの会社によって異なるので、具体的な手続きについては、証券会社に個別に確認したほうがよいでしょう。

　また、証券会社によっては、代替の受取人（受取人に指定した人が先に死亡した場合に、代わりに財産の受取人として指定される人）を認めないところもあるようです。その場合は、当該証券口座に残っている株式や債券はプロベイトにかけられます。代替の受取人も指定してプロベイトを避けたい場合は、これを認めている証券会社に変えるか、生前信託などを検討したほうがよいかもしれません。

　さらに、証券会社によっては、社内規定により、日本居住の日本人のような非居住外国人が口座所有者の場合、TOD設定に応じないところもあります。TODの設定が可能かどうか、事前に証券会社に確認したほうがよいでしょう。

　受取人に指定された人は、PODと同様にTODにおいても、有価証券の所有者が生存している間は株式などに対して何も権利を持っていません。所有者は生存中自由に有価証券を売却したり、贈与したり、異なる受取人を指定したり、口座を解約したりすることができます。

　所有者に相続が発生したときは、受取人に指定されている人が、所有者の死亡証明書（**Q16**を参照）や受取人自身の本人確認書類を証券会社などに提示することにより、プロベイトを経ずに名義変更等の相続手続きを請求することができます。

❸不動産における受取人指定権利証：
Transfer-on-Death（TOD）Deed

　米国の30の州(注)（2021年7月現在）では、相続が発生したときの不動産の受取人をあらかじめ権利証（Deed）上に指定し、その権利証を法務局（County

106

Land Records Officeなど）に登記することで、相続開始後、州法の規定に基づき、プロベイトなしで受取人に権利が移る方法が認められているようです。

　州によっては、受取人に指定した人が先に死亡する場合に備えて、代替の受取人を指定することも可能なようです。

　TOD Deedの作成・登記は、現地の弁護士等に依頼することになります。

　所有者に相続が発生したときは、所有者の死亡証明書（**Q16**を参照）や受取人の本人確認書類を法務局に提示することにより、受取人への名義変更を行いますが、手続きは現地弁護士等に依頼することになるでしょう。

注　アリゾナ、インディアナ、オハイオ、ハワイ（2011年7月より）、カリフォルニア（2016年1月より）などの30州（2021年7月現在）。ただし、カリフォルニア州は、対象となる不動産を居住用不動産等に制限しているようですし、2022年1月1日に失効する予定（ただし、延長される可能性あり）とのことです。主な州の比較については、巻末の「参考資料1」（P.197）をご参照ください。

第5章

海外財産に係る遺言書
～海外の遺言書と日本の遺言書について

Q37 海外の遺言書とは

「海外遺言書」とはどのようなものですか。

A 本人の相続に備え、海外にある財産の内容とその承継方法について、あらかじめ「現地の法律に基づく方式」で作成する遺言書のことです。すべてのケースで海外遺言書が必要になるとは限りませんが、現地の相続手続きをスムーズに行うために、用意しておいたほうがよいでしょう。

解 説

　本書で「海外遺言書」とは、海外の財産について、相続手続きをスムーズに行うために、現地の法律に則って作成された遺言書のことを指します。

　第2章で説明したとおり、海外の相続制度（税制を含む）は日本とかなり異なり、相続が発生した際には、海外の専門家（弁護士・会計士など）と多くの場合は現地の言葉でやり取りする必要が出てくるなど、相続人の負担は非常に大きなものになります。

　こうした負担を少しでも減らす方法として、あらかじめ海外での相続手続きを想定した遺言書を作成する方法があります。遺言書はプロベイトそのものを回避することにはなりませんが、遺言書が海外の法律に則って作成されていれば、プロベイトをスムーズに進めることが可能となりますし、生前信託ほど費用をかけずに比較的簡単に作成することが可能です。

　若い人で将来海外にある財産を売却する可能性があるならば、わざわざ費用と時間をかけて生前信託を設定するよりも、当面の保険として海外遺言書を作成することは十分意味があると思われます。

2．海外遺言書を作成する際の留意点

Q38 海外の財産を対象とする海外遺言書の作成について
「海外遺言書」を作成するにはどうすればよいでしょうか。費用はどのくらいかかりますか。

A 海外の弁護士に遺言書の作成を依頼します。米国の場合、どの弁護士に依頼するか、どの地域（州）で行うかなどによって、その費用は異なりますが、通常、数千米ドル程度で作成することができるようです。米国に行かなくても、日本で作成することが可能です。

解　説

　ここでは、米国の例で説明します。米国の財産を対象とする米国の遺言書を作成する場合、まず財産のある州の弁護士に、①財産の内容、②財産を受け取る人の指定、③遺言執行者の指定などを伝えて当該州法に基づく方式の遺言書の案文を作成してもらいます。弁護士は雛型に基づいて案文を作成します。遺言書はもちろん英語で書かれます。

　適宜修正を行い案文が確定したら、いよいよ遺言書原本の作成となります。米国の遺言書の要件として一般に、2名の証人の署名が求められます（州の規定により必要人数は変わります）。そこで2名の人に署名をお願いすることになりますが、州によっては署名に公証（Notary）を受ける必要があります(注)。日本で公証を受けることにより、米国に行かなくても、日本で米国の遺言書を作成することが可能となります。日本で公証手続きを行う方法としては、日本にある米国の大使館・領事館で行う方法と、日本の公証人によって行う方法（アポスティーユが必要となります。公証およびアポスティーユについては**Q19**を参照）の2つがあります。

　2つの方法のうち、在日米国大使館・領事館にて、米国領事による公証を受けるのが一般的な方法です。ただし、有効な本人確認書類（パスポート等）

が必要で、英語で領事と簡単な会話を交わすケースがあります。また、事前の予約も必要で、予約にはパスポート番号の入力が求められます。有効なパスポートがない場合や、英語での会話を敬遠される場合は、日本の公証役場で公証を受けることも可能ですが、東京や大阪など以外の公証役場では、別途、法務局長の証明を得た上で、外務省からのアポスティーユの取得が必要となるなど、手間と時間がかかります。また、日本の公証人による公証は米国ではなじみのない書類である場合もあるので、実務上相続手続きがスムーズに進むかどうか、事前に遺言案文を作成してもらう米国弁護士に確認したほうがよいでしょう。

なお、遺言書と一緒に委任状（Durable Power of Attorney）を作成するのが一般的です（詳しくは**Q26**および**Q27**を参照）。

注　カリフォルニア州、ハワイ州、ニューヨーク州、ワシントン州の州法では、遺言者の署名および証人（2名以上）の署名について規定されているものの、署名の公証については特に規定されているわけではありません。したがって、法的には署名の公証は必要とされていませんが、実務では遺言者および／または証人の署名に公証がなされるケースがあるようです。

これは、「自己証明の宣誓供述書（Self-Proving Affidavit）」の使用を認めている州では、特に証人の宣誓文言に対し、公証が求められることになるからです。「自己証明の宣誓供述書」とは、適正な遺言書作成のためのすべての要件[※]が満たされていることを証明するもので、これがあれば、速やかに遺言をプロベイトに付することが可能となります。

（※）　遺言者は、自分自身の遺言書として、健全な精神状態で、自由意志で署名したことを宣言する。

証人は、遺言者本人が健全な精神状態で、不当威圧を受けることなく署名したことを宣誓供述する。

米国の4州およびその他の国（イングランド・ウェールズ、シンガポール、香港）の遺言書作成方法については、**〔図表5－1〕**をご参照ください。

〔図表 5 － 1〕米国 4 州およびその他の国の遺言書作成方法

地域名	日本での作成可否	作成方法
米国 4 州 （カリフォルニア州、 ハワイ州、 ニューヨーク州、 ワシントン州）	○	遺言者および証人（2 名以上）の署名が必要だが、公証は不要。ただし、実務では、遺言者および／または証人の署名の公証が行われているケースがある。
イングランド・ ウェールズ	○	2 名以上の証人の面前で遺言者が署名し、証人も、遺言者の面前で遺言に署名する等が必要。
シンガポール	不明	2 名以上の証人の面前で遺言者が署名し、証人も、遺言者の面前で遺言に署名する等が必要。
香港	不明	2 名以上の証人の面前で遺言者が署名し、証人も、遺言者の面前で遺言を認証して署名する等が必要。

Q39 遺言書がない場合の相続手続き
米国では、遺言書を作成しないで亡くなるとどうなりますか。

A 原則として、プロベイトを通じ、財産の所在する州の法律に則った分配が行われます。この場合、日本で相続人が合意の上作成した遺産分割協議書による分配を主張すると、なかなか理解してもらえず、手続きが長引く可能性が高くなります。

解　説

　米国に財産を所有する日本人が遺言書を作成しないで亡くなった場合、受取人指定や生存者受取権（Right of Survivorship）により取得者が決まっている財産以外は、法的には、日本の「法の適用に関する通則法第36条」により相続の準拠法は日本法となるものの、実務上、米国の州法に基づく法定相続による分配に従ったほうが早く手続きを終えることができます。

　日本で相続人間の合意により作成された遺産分割協議書は、米国ではなかなか理解してもらえない可能性が高いでしょう。また、その分配方法が州法の定めと異なる場合は、贈与税が課される可能性もあります（**Q10**を参照）。

　したがって、できる限り不確実性を排除し、将来の相続人の負担を軽減し、本人の意思に則って財産を遺すためにも、海外に財産を所有する人は、各自の状況に合わせて遺言書を作成するなど、生前対応をしておくことが望ましいといえます。

Q40 日本の遺言書で海外財産の相続手続きは可能か

私は日本と海外に財産を持っています。今回、日本で日本の法律に基づく遺言書（公正証書遺言等）を作りましたが、この遺言書で、海外にある財産の相続手続きも可能ですか。

A 当該国の遺言の方式に関する準拠法次第ですが、理論上は適法な方式とされ、相続手続きは可能となると思われます。

　　しかし、実務的にはスムーズに相続手続きが進まないおそれがあるので、海外の財産については、別途、当該国の法律に基づく方式で遺言書を作成すべきかを現地の弁護士に相談することをお勧めします。

解　説

（1）海外各国の遺言の方式に関する準拠法の調査

　日本の法律に基づく遺言書が財産の所在する国において有効か否かは、当該国における遺言の方式に関する準拠法を調べる必要があります。

　当該国がハーグ条約のうち、「遺言の方式に関する法律の抵触に関する条約」（以下、「遺言の方式の準拠法に関する条約」）を批准していれば、条約と同様の内容の国内法を制定しているはずです。例えば、日本は当該条約を批准しているので、条約と同内容の「遺言の方式の準拠法に関する法律」を制定しています。

　当該条約による一定の条件を満たすことで、当該国において遺言は有効とされます。

　また、たとえ当該国がこの「遺言の方式の準拠法に関する条約」を批准していなくても、なるべく遺言を有効にしようとする立場で、遺言の方式に関する準拠法を定めていることもあり、その場合には、日本で作成した公正証書遺言が海外でも有効とされる可能性が高いといえます。

（2）財産が所在する国の法律に基づいた遺言書の作成

　これまで日本の法律に基づいて作成された遺言書も、その国の遺言の方式の準拠法上有効となる場合があることを見てきましたが、実務上、当該遺言書でスムーズに相続手続きができるかどうかはケースバイケースとなります。

　実際の相続手続きにおいて、例えば、米国の金融機関や法務局の担当者に、日本の法律に基づく日本語で書かれた遺言書（公正証書遺言、自筆証書遺言等）を見せて、「これに基づいて名義を変えて欲しい」と申し入れても、「前例がないからよく調べる必要がある」と後回しにされるかもしれません。特に、遺言者が自筆（全文、日付、署名を自書して押印し、証人の立会いはなし）で書いた遺言書は日本の法律では有効ですが、米国ではタイプされた遺言書が大半であり、全文が自筆で書かれ、証人の立会いのない遺言を認める州は全米50州のうち約半数にすぎません。また、自筆の遺言を認める州であっても、プロベイトを通じ、その遺言が本人の筆跡であることを証言する証人（州によっては2名以上）を立てることが必要とされるので、大変な負担となります。

　そのため、法的には米国でも有効な遺言書であったとしても、実務では相続手続きをスムーズに進められない可能性があります。日本ではプロベイトが不要であるなど日本の相続制度についての説明も必要となり、これらを英語で説明していくことは一般の方にとっては非常に難しく、負担の大きいものとなります。さらに、場合によっては、日本の弁護士による法的意見書を要求され、そのための時間や費用などがかかります。

　これらを考慮しても、海外に財産を持っている方は、当該財産の所在国や地域ごとに、その国や地域の法律に基づく方式の遺言書をそれぞれ作成することをお勧めします。ただし、その際、後日のトラブルを避けるために、その国や地域に所在する財産に限定した遺言書としたほうがよいでしょう。例えば、日本の遺言書は、日本に所在する財産に限定し、米国の遺言書は、米国に所在する財産に限定する書き方（この遺言は、遺言者が相続開始時に日本（米国）国内に有する財産を対象とする）とするのです。また、撤回文言

についても、「今まで作成したすべての遺言書を撤回する」と書くのではなく、「米国の法律に基づく方式で作成した遺言書を撤回する」などと書いて、以前作成された日本の遺言書が撤回されないように配慮するとよいでしょう。

Q41
海外の遺言書による、日本所在財産の相続手続き
日本国籍の夫がいますが、長い間2人で米国のワシントン州に暮らしており、夫は、ワシントン州法に基づく遺言書しか作成していません。この遺言書で、日本にある不動産の相続登記手続きを進めることは可能でしょうか。

A
日本の「遺言の方式の準拠法に関する法律」によれば、本件において住所地である米国ワシントン州法に基づく遺言書は日本でも有効であり、相続手続きは可能と思われます。

　しかし、実務上は、よりスムーズな相続手続きを行えるようにするため、日本の法律に基づく遺言書を作成することをお勧めします。

解　説

日本の不動産に関する相続登記手続き

　日本は、ハーグ条約のうち「遺言の方式に関する法律の抵触に関する条約」を批准しており、これを国内法化した「遺言の方式の準拠法に関する法律」の第2条において、遺言は、その方式が次に掲げる法のいずれかに適合するときは有効とされています。

①行為地法
②遺言者が遺言の成立又は死亡の当時国籍を有した国の法（本国法）
③遺言者が遺言の成立又は死亡の当時住所を有した地の法（住所地法）
④遺言者が遺言の成立又は死亡の当時常居所を有した地の法（常居所地法）
⑤不動産に関する遺言について、その不動産の所在地法

したがって、本件では、少なくとも住所地である米国ワシントン州法に基づいて作成された遺言は有効となります。しかしながら、実務上、米国遺言における遺言者の氏名・住所（英文など）と登記名義人の氏名・住所（和文など）が一致しないことがあり、その場合、同一人であることを証する宣誓供述書などを提出することになります。また、米国遺言を翻訳する手間と費用が必要となります。そこで、スムーズな相続手続きのため、日本の不動産については日本の法律に基づく遺言書を作成すること、それもできれば日本に帰国したときに、日本の公証役場で公正証書遺言を作成されることをお勧めします。

　なお、公正証書遺言は、遺言者本人が公証役場に出向くなどして、直接公証人に会って作成する必要があります。ただし、海外にいる日本人が公正証書遺言を作成する場合は、当該国の日本領事が公証人の職務を代わりに行うことができるため（民法第984条）、日本に帰国しなくても作成することが法的には可能です。しかし、実際には作成例が少なく、日本領事もあまり作成したがらないようです。米国のある州の日本領事に問い合わせたところ、長年領事として勤めているが、公正証書作成の経験はなく、日本へ頻繁に問い合わせる必要があり、時間もかかることから、日本に帰国したときに公証人に作成してもらったほうが早くて間違いがないだろう、とのことでした。

Q42 海外の遺言書における財産の記載方法
海外の遺言書には財産をどの程度まで詳しく記載する必要がありますか。

A その国に所在する財産をすべて1人にあげる場合は、個々の財産を特定しなくても、例えば「米国に所在する財産（財産から債務・税金を控除した残余財産）のすべて」と書かれることが多いです。

　これに対して、個々の財産をそれぞれ別の人にあげる場合、「財産の特定」は重要で、詳しく書けば書くほど誤解は生じにくくなります。しかし、遺言書作成後に財産内容に軽微な変更があっただけですぐに修正が必要になるなど、煩雑な面もあります。

　いずれにしても、遺言書の案文を作成する現地の弁護士に確認するとよいでしょう。

解　説

　海外の遺言書が海外にある財産のみを対象にしたものである場合は、日本での遺言書との重複を避けるために、まず、「米国に所在する財産」などと適用範囲を明確にする必要があります。次に、その国に所在する財産を1人にあげる場合は、個々の財産を詳しく記載しなくても、例えば「米国に所在する財産（財産から債務・税金を控除した残余財産）のすべて」と書かれることが多いです。詳しい情報を遺言書に書くと、例えば米国では、遺言書は死後、プロベイト手続きのため、管轄の裁判所に提出され、すべての情報が公になりますので、そのつもりもないのに、不動産業者から「所有している不動産を売らないか」といった勧誘の連絡が来るなど、プライバシー上の問題も出てきます。

　ただし、実際に遺言を執行する際にはより具体的な情報が必要となりますので、金融機関の名称や口座番号、不動産の所在地や納税者番号などの情報

をきちんと保管しておき、遺言執行者が簡単に見つけられるようにしておくとよいでしょう。

　これに対して、個々の財産をそれぞれ別の人にあげる場合は、誤解を避けるため、「財産の特定」は非常に重要です。金融機関名や口座番号など、詳しく書けば書くほど、適用範囲についての誤解は防げますが、その半面、遺言書作成後に新しく財産を取得した場合や、財産を買い換えたり金融機関を変更したりした場合に、すぐに遺言書を修正しなければならないという問題が生じます。

　また、前述のプライバシー上の問題もありますので、一般的にはそこまで詳細な記載をせず、「米国の金融機関の口座」や「米国内の不動産」などとしますが、状況によってそのような表現では誤解が生じやすい場合などは、ケースバイケースで対応する必要があるでしょう。

Q43 外国籍を取得した人が亡くなったときの日本での相続手続きについて

長年米国に住み、米国籍を取得して日本国籍を離脱しましたが、もし遺言書を作成しないで死んだ場合、日本の財産についての相続手続きはどうなりますか。やはり事前に遺言書を作成したほうがよいですか。

A 事前に遺言書を作成することをお勧めします。

亡くなった人が外国籍者の場合、準拠法（被相続人が国籍を有する国の法律）の調査のほか、戸籍のない国での相続人の確定調査が極めて困難であり、後でほかの相続人が現れたりする危険性があるため、遺言書がない場合、スムーズに相続手続きが進まないおそれがあります。

解　説

相続手続きを求められた日本の金融機関の立場で考えてみましょう。遺言書がなければ、法定相続人に財産を渡す必要がありますが、誰に（法定相続人の範囲）どのような割合で（法定相続割合）相続させるかについては、まず、被相続人の国籍を有する国の法律を調べる必要があります（法の適用に関する通則法第36条「相続は、被相続人の本国法による」）。

ただし、この準拠法の調査により、法律上定められた分配方法等が確認できたとしても、実務上一番の問題点は、「亡くなった人が戸籍のない国に籍を置いている期間があった場合、正当な権利を持つ相続人を確定することが難しい」ということです。遺言者が戸籍のない国に籍を置いている場合^(注1)、正当な権利を持つ相続人を確定することは非常に困難となります。この事例では、米国には戸籍がないため、「米国籍を取得（日本国籍を離脱）した日以降に生まれた子供がいないこと」を米国の公的書類で証明することができません（戸籍のない国での相続人の確認については、**Q63**を参照）。一方、

金融機関としてはほかの相続人が後に現れる可能性があると、相続預金の払戻し等の手続きは進められませんので、ここで手続きが滞る可能性があります[注2]。

　したがって、外国籍を取得して日本国籍を離脱した人が、日本国内にある財産を特定の相続人に承継させたい場合は、遺言書を作成することをお勧めします。遺言書があれば、遺言者の死亡の事実と遺言執行者の権限を確認するだけで足りるため、相続が発生した際の財産承継手続きの軽減を図ることが可能となると思われます（**Q44**を参照）。

注1　台湾、韓国、中国といった戸籍または戸籍に似た制度を持つ国の場合、相続人の確定を行うために、出生からの戸籍（あるいはそれに準ずる書類）を取り寄せ、日本語に翻訳する必要があります。ご家族がこれらの手続きを行うのは難しいと思われますので、これらの業務を手掛ける専門家に依頼されるとよいでしょう。

注2　日本に居住する外国籍の方（外国人）にとっても、日本に財産がある場合は、遺言書を作成することは重要です。日本居住の外国籍の方については、本人が日本に住み始めて以降の家族関係等は「外国人登録原票」[※]などで確認することができますが、日本に来る以前のこと、例えば「日本国外で別れた妻との間に子がいないこと」などを証明することは極めて難しい作業となります。この場合、本人等から「宣誓供述書」（**Q60**、**Q62**、**Q63**を参照）を提出してもらうことになりますが、それで十分な証明になるかは疑問です。そのため、遺言書がない場合、ほかの相続人が後に現れることをおそれて、金融機関や法務局はすぐに相続手続きに応じてくれない可能性もあります。

（※）　平成24（2012）年7月の外国人登録制度の廃止により、それまで市町村で保管されていた「外国人登録原票」は法務省に送付され、保管されることになりました。「外国人登録原票」の写しが必要な場合、法務省出入国在留管理庁に開示請求を行うことになりますが、個人情報保護の観点から開示請求手続きが煩雑になる場合があり、開示請求の書類作成において司法書士等の専門家に依頼するケースもあるようです。

Q44
日本に帰化した後の遺言書作成の必要性について
最近、日本に帰化して日本国籍を取得しました。大半の
財産は日本にありますので、遺言書は作成しなくても大
丈夫でしょうか。

日本に帰化した場合でも、遺言書の作成をお勧めします。遺言書
がなければ、実務上、相続手続きをスムーズに進められない場合
があるからです。

解　説

　亡くなった方が、亡くなったときに日本国籍者の場合、相続の準拠法は日
本法となりますので、一見、問題なく相続手続きを行うことができるように
思われます。実際、帰化したことにより相続の心配はなくなった、と考えて
いる方が多くいらっしゃいます。

　しかし、遺言書を作らずに亡くなると、**Q43**で説明したように、被相続人
が戸籍（あるいはそれに準じる制度）のない国に籍を置いている期間があっ
た場合、その期間中の戸籍謄本が存在しないため、正当な権利を持つ相続人
を確定することが非常に困難となります。金融機関は相続人全員の合意（遺
産分割協議等）に基づき被相続人の預金を払い出すことになります[注1]が、
戸籍により相続人が確定できないため、払い出しに応じることが難しくなり
ます。

　一方、遺言書を作成していた場合、金融機関に対して被相続人の死亡日の
記載がある除籍謄本や遺言執行者の印鑑証明書等を提出すれば事が足り、被
相続人の出生から連続した戸籍謄本を提出しなくてもよい場合があり[注2]、
スムーズに預金の払戻し等をすることができます。このように遺言書の有無
により、金融機関などの対応が大きく異なってくるのです。

　なお、遺言者が外国籍または元外国籍の場合は、戸籍の全部または一部が

ないことを補うため、遺言書の中に、「私の家族は妻○○、長男△△、長女□□であり、それ以外に子供はいません」などと書いておくことをお勧めします。子供が何人いるか等は遺言者本人が一番よく知っているからです。

注1　なお、令和元（2019）年7月から、遺言がない場合における「相続された預貯金債権の払戻しを認める制度」が施行されました。これにより、相続人全員による遺産分割協議が成立する前でも家庭裁判所の判断を経ずに相続人のうちの1人が単独で、金融機関の窓口において被相続人の預貯金の支払いを受けられるようになりました。

　　　単独で払戻しができる額＝

　　　相続開始時の預金額×1／3×払戻しを行う相続人の法定相続分

　　　（同一の金融機関からの払戻しは150万円が上限）

　　ただし、この場合も、相続人確定のために被相続人の出生から死亡までの連続した戸籍謄本および相続人全員の現在戸籍等が求められることになります（一般社団法人 全国銀行協会のホームページより）。被相続人が戸籍のない国に籍を置いている期間があった場合には、払戻しに応じてもらえない可能性があります。

　　「相続された預貯金債権の払戻しを認める制度」の詳細については、法務省のホームページをご参照ください。

　　http://www.moj.go.jp/content/001278308.pdf

注2　一般社団法人 全国銀行協会のホームページをご参照ください。

　　https://www.zenginkyo.or.jp/article/tag-f/7705/

　　ただし、金融機関によって、必要となる書類が異なる場合があります。

相続人が未成年の場合

私は日本居住の日本人で、カリフォルニア州に不動産と銀行預金を単独名義で持っています。私達夫婦が２人ともいなくなったとき、子供がまだ未成年である可能性があります。このような場合、どのように対応すればよいですか。

米国では、財産管理人（Custodian）の指名や信託の設定などの方法がありますが、どの方法がよいか、現地の弁護士等の専門家に確認するとよいでしょう。

解　説

　米国では、両親ともに亡くなり、遺された子供が未成年である場合、何も準備がなされていないと、原則裁判所が選任した後見人（Guardian）が財産を管理することになります。このGuardianの選任は、プロベイト手続きでの「人格代表者」（**Q10**および**Q16**を参照）の選任と同様、あるいはそれ以上に大変な手続きとなるようです。また、州によっては、日本の裁判所で選任された未成年後見人は認められず、別途米国のGuardian（当該州の居住者または弁護士等）を裁判所に選任してもらわなければならないところもあるようです。

　このような事態に対応する方法をカリフォルニア州の弁護士に確認したところ、財産をあげる本人が未成年者のための財産管理人（Custodian）を指名する方法を勧められたことがありましたので、その事例をご紹介いたします。

　米国でのCustodianの指名は、Uniform Transfers to Minors Act（UTMA、統一未成年者財産移転法、大半の州で採用）という法律に基づいて行われます。この法律によると、贈与や相続等で財産が未成年者に渡る場合、彼らが

成年（多くの州は21歳ですが18歳あるいは25歳の州もあります）に達するまでの間、Custodianが未成年者に代わって財産を管理・運用することとされています。

Custodianの指名は、「死亡時受取人指定」（POD、TOD、TOD Deed、**Q23**および**Q36**を参照）や遺言書（**Q37**および**Q38**を参照）によって行うことが可能です。

標題のカリフォルニア州の事例 ^(注) では、同州の弁護士に相談した結果、「UTMAに基づく、子供のためのCustodianとして叔父を指名する」と遺言書に記載することとしました。

米国の財産がそれほど多額ではない場合、比較的簡便に準備できる方法として、Custodianの指名を検討する意味はあると思われます。ただし、この方法の場合、子供が成年に達した時点で一度に財産を渡すことになること、指名するCustodianが米国非居住者の場合、金融機関によっては口座開設に慎重になる場合があること、などに留意する必要があります。また、状況によってはGuardianの選任が避けられない場合もありますので、Custodianを指名する場合は、現地の弁護士等の専門家に確認するとよいでしょう。

以上は、日本居住の日本人の事例ですが、米国人や米国居住者の場合は、財産を複数所有したり、財産が多額である場合が多いので、未成年者に財産を渡す方法として、信託（生前信託〈Living Trust〉や遺言により設定される信託〈Testamentary Trust〉）を設定するのが一般的です。信託では、運用の方法や財産の使い方、財産を渡す年齢など、かなり自由に設定することが可能だからです。信託の設定は、名義を信託の受託者名義に変える必要があるなど（**Q46**および**Q48**を参照）、手間や費用がかかりますが、財産が多額等の場合、信託の設定を検討されるとよいでしょう。

注　ご参考に、ハワイで取り扱った事例もご紹介します。

　　日本居住の日本人で、ハワイにコンドミニアム（分譲マンション）と銀行預金（いずれも単独名義）を持っているお客さまの事例です。お客さまは、

自身に相続が起きたとき、ハワイの財産を奥様Aに1／2、小学生の子供B
に1／2渡したいと考え、死亡時の受取人指定（**Q23**および**Q36**を参照）で
対応することとしました（A、Bとも日本居住の日本人）。お客さまは、自身
の相続開始時に子供が未成年であることを心配されていたので、ハワイの弁
護士に相談した結果、子供Bに関する受取人は、「UTMAに基づく、子供Bの
Custodianとしての奥様A」と記載することとしました。

　奥様AをCustodianに指名したのは、州によってあるいは金融機関によって、
片親が生きていても米国裁判所によるGuardianの選任を求められることがあ
るからです。

米国の電子遺言書法
(Electronic Wills Act)の登場

　日本での電子遺言書の作成の可能性について探るために、米国で最近制定された「電子遺言書法」とその内容について調査しました。

　2019年7月に、米国統一法令委員会（Uniform Law Commission）は、「電子遺言書法」（Electronic Wills Act）を承認しましたが、これはあくまでも雛型法（Model Law）であり、各州が採用しない限り、有効な法律とはなりません。

　電子遺言書法では、遺言者による遺言（文章）の作成と署名、そして証明（公証）を電子媒体で行うことを認めています。あくまでも、文章という記録として残すことを要件としており、ビデオや録音による遺言を認めているわけではないようです。

　電子遺言書法の制定前に電子遺言書を合法化していたのは、ネバダ州、インディアナ州、アリゾナ州、フロリダ州の4州に限られていたようですが、その後同法を承認した州は、ユタ州、コロラド州、ノースダコタ州、バージニア州、アイダホ州、ワシントン州、と増えてきています^(注)。

　これは、電子遺言書の場合、自宅に居ながら、証人や公証人に会うことなく作成できるという点が、特にコロナ禍において注目されることになったからだと思われます。ただし、電子遺言書には、証人等が遺言者に直接会うことがないために、「遺言者が本人の遺言書（my own will）として、健全な精神・記憶力・理解力（sound mind, memory and understanding）を持っている状態で、不当威圧（undue influence）を受けることなく遺言書に署名したか否かを確認することが難しい」との懸念が残ることも事実であると考えます。

　一方、コロナ・ウイルスの感染拡大で、多くの人が自宅待機を余儀なくさ

れる中、緊急措置として全米のほとんどの州が「ビデオ等による公証手続き」を一時的に容認することになりました。まだ紙ベースの遺言書の要件を踏襲しており、電子媒体による遺言書の作成までは認められていませんが、新しい動きとして注目すべき動向であるといえるでしょう。

　米国の電子遺言書法については、巻末の「参考資料3」（P.203）をご参照ください。

　注　米国統一法令委員会のウェブサイト（https://www.uniformlaws.org）によります。

　　なお、ネバダ州などがこのウェブサイトに載っていない理由は、これらの州法がこの雛型法（Model Law）とは内容が異なっているからと推測されます。

第 6 章

生前信託
～日本ではあまり知られていない生前対応

Q46　生前信託の概要
海外にある財産のプロベイト回避策として、現地の弁護
士から生前信託を勧められていますが、仕組みがなかな
か理解できません。どのような仕組みでしょうか。

A　財産を承継させる仕組みの１つで、個人の財産を信託の受託者名
義に変え、名目上、個人の財産から切り離すことで、相続発生時
における個人の財産を対象とするプロベイト手続きを回避するこ
とが可能となります。

解　説

　まず、基本的な信託の仕組みから理解する必要があります。

　信託とは、委託者が信託行為（例えば、信託契約、遺言）によってその信
頼できる人（受託者）に対してお金や土地、建物などの財産を移転し、受託
者は委託者が設定した信託目的に従って受益者のためにその財産（信託財産）
の管理・処分などをする制度です〔**図表６－１**〕（金融広報中央委員会のホー
ムページより）。

　米国における生前信託（Living Trust）は、この信託の仕組みを利用し、
財産を家族や友人などに承継させるための方法の１つで、財産の信託設定を
生前に行うことから、生前信託と呼ばれています。

　米国の生前信託の基本的な仕組みは、信託を設定する「委託者」（Grantor
またはTrustor）、信託財産の管理・運用・処分を行う「受託者」（Trustee）、
そして信託の利益を受け取る「受益者」（Beneficiary）により構成されます。
ただし、大きな特徴は、多くのケースで、自身が生きている間（生前）は、
これらの法的立場の異なる「委託者」「受託者」「受益者」の３役をすべて自
分で担うことができることです〔**図表６－２**〕。

具体的には、財産の所有者（＝委託者）が生前信託を設定する場合、所有者本人（＝委託者）が生存している間は、財産を信託の受託者たる本人に信託し、財産の名義を受託者名義（例：「○○信託の受託者△△××」）に変更

〔図表6-1〕信託の基本的な仕組み

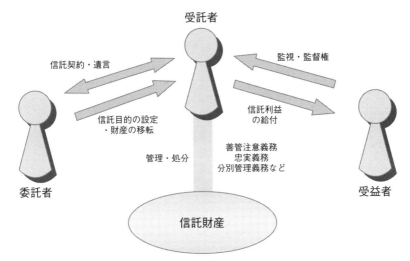

出所：金融広報中央委員会のホームページ

〔図表6-2〕米国の生前信託の基本的な仕組み

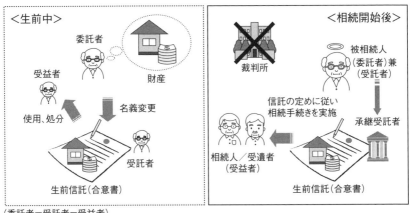

（委託者＝受託者＝受益者）

します。同時に委託者本人を受益者にも指定する旨を書面（信託合意書）で定め、信託を設定した後も、従前どおり、自己の所有財産であるのと同様に自由に使用・処分できるようにします。さらに信託合意書上には、所有者本人（＝委託者）が亡くなった後の財産の処分方法や、受託者として後を継いでくれる人（以下、「承継受託者」）等についても、遺言書と同じように取り決め、記載をしておきます。

これにより、生前中の経済的な利益はそのままに、法的な所有権だけが、これまで財産を所有していた個人から、信託の受託者に移転されます。そして委託者兼受託者である実質の所有者が亡くなった際は、その人の個人名義財産ではないため、プロベイトは不要となり、信託合意書によって指定したとおりに財産の分配が行われます。

財産を信託の受託者名義に変えたとしても、当該財産の使用・処分において、生前中にはほとんど何の影響もありません。これまでどおり、自己の財産同様に取り扱うことが可能です。ただし、家を買い換えるなど、新規に財産を取得した場合は忘れずにすべての財産の名義を信託の受託者名義にしておく必要があります。せっかく生前信託がなされていても、亡くなった時点で個人名義の財産（受取人指定などでプロベイトが回避されるものを除きます）が残っていれば、原則プロベイトが必要となってしまうからです。

一般的に生前信託は、本人の意思でいつでも変更や撤回が可能であり、本人の死後の受益者（以下、「承継受益者」）を生前中自由に変更することが可能です。また、承継受託者の指定の変更や、信託契約の取消し・撤回をすることも可能です。

ただし、委託者（＝受託者）に相続が発生したとき、信託は取消不能となり、信託合意書の中で委託者が「承継受託者」（Successor Trustee）として指定した人が、亡くなった受託者の地位を引き継ぎます。彼らは、信託の承継受益者として指定された委託者の家族（相続人）、友人、慈善団体などに対し信託財産の名義変更や分配を行う義務を負っています。この際、当該財産の名義変更や分配手続きにおいて、プロベイトを経る必要はありません。

Q47 生前信託による相続手続き
生前信託の受託者名義とした財産の相続手続きは、プロベイトがある場合と比べてどの程度期間短縮が図れますか。

プロベイトが不要のため、すぐに受益者への名義変更や分配が可能となりますが、遺産税の申告が必要な場合は、必ずしも相続手続きを早く終わらせることができるとは限りません。

解　説

　生前信託の受託者名義とした財産の相続手続きは、プロベイトが不要です。そのため、すぐに受益者への名義変更や分配が可能となり、結果として相続手続きを早く終わらせることができます。しかしながら、例えば、米国での遺産税の申告が必要な場合、必ずしも相続手続きが早く終了するとは限りません。

　遺産税の申告・納税が必要な場合、米国税務当局（IRS）による税務確認作業（州の遺産税がある州では州の税務当局の確認作業もある）が終了するまで、信託されている財産の名義変更や分配（以下、「遺産の分配」）は原則行われません。

　生前信託により受託者名義となっている財産であっても、連邦遺産税の観点からは依然として亡くなった人（委託者）の財産として扱われ、遺産税の申告・納付の対象となります。相続開始時から9カ月以内（延長が認められた場合は15カ月以内）に遺産税の申告・納付を行わなければならず、申告後はさらに、約9〜12カ月後にIRSから出される移転証明書（Transfer Certificate）を待たなければなりません[注]。

　慎重な受託者であれば、IRSの税務確認作業の結果である移転証明書が出るまでは、仮に財産が生前信託されていて法的に問題ない場合でも、名義変

更や売却手続きを躊躇するでしょう。なぜなら、税務処理が終わる前に遺産の分配を行ってしまうと、後から想定外の課税があった場合に、税金の支払いができなくなる可能性があるからです。最悪の場合、遺産の分配を行った受託者が、本人の責任として税金を支払わなければならないリスクもあるようです。これはプロベイトにおける人格代表者についても同じです。

　税務の手続きを含めて考えた場合、プロベイトがあってもなくても、相続手続きを完全に終えるまでは、それほど大きな時間の差はない場合もあると思われます。

注　コロナ禍の影響で、移転証明書などがIRSから発行されるのに1年半〜2年かかっているようです。

Q48 生前信託を設定するには

生前信託を設定するにはどうしたらよいでしょうか。

A 財産に生前信託を設定するには、弁護士に依頼する必要があります。信託合意書をはじめとした書類を作成するだけでなく、財産を個人名義から信託名義（信託の受託者名義）に変更する必要があります。この名義変更の手続きは時間も費用もかかるため、注意する必要があります。

解　説

　通常、生前信託を設定する場合、弁護士に依頼します。信託合意書をはじめとした書類作成に係る米国の弁護士の費用は、財産の内容・規模や担当する弁護士によって様々ですが、およそ数千米ドルから1万米ドル以上かかるようです。このほかに、財産を信託の受託者名義に変更する手続きにも費用が発生します。

　生前信託の合意書には、財産の内容、その財産を誰にどのように承継させるか、承継受託者（委託者が意思表示不能となったときや委託者の相続の開始時に次の受託者として財産の管理や分配を行う人や法人）の指定、などが記載されます。

　重要なのは、財産の名義を自身の名義から信託の受託者の名義に変えることです。これを行わないと、信託契約は名義変更がされていない財産については無効となり、結局はプロベイトを経なければならなくなるので、生前信託を設定した意味がなくなってしまいます。

　一方で、信託の受託者名義への変更手続きは、かなり労力を要する手続きです。実際、銀行預金の名義変更、不動産の名義変更の手続きを想像してみ

てください。これらの手続きを、信託に入れる財産すべてについて行わなければなりません。日本人が日本にいながらその手続きを行うことは極めて難しく、現地の弁護士などの専門家に依頼することが必要になる場合もあります。弁護士費用は、多くはタイムチャージ制で、かかった時間に対して計算されます。財産が多種多様である場合、単なる受託者名義への変更に係る弁護士費用だけでも、相当の金額になることを覚悟しなければならないでしょう。

　なお、名義が信託の受託者名義に変更されたとはいえ、財産の実質的な所有実態は変わらないため、信託を設定することで、委託者個人の債務に基づく責任を免れることはできません。また、生前信託設定後も委託者の個人所有と同様に税金が課されるので、税金対策でもありません。生前信託はあくまでもプロベイトを回避するためのものであることをご理解ください。

3．生前信託の問題点

Q49
日本人にあまり利用されない理由
生前信託は米国では人気があるとのことですが、日本ではあまり聞いたことがありません。何か理由があるのでしょうか。

A
生前信託が日本人にはなじみがない理由は、主に以下のことが考えられます。

①日本の財産の相続手続きでは、そもそもプロベイト制度がないため、あえてプロベイトを回避するための生前信託という仕組みを活用する必要がないこと。

②米国の財産を所有している日本人が米国の生前信託を設定するために、法制や税制に関してサポート可能な専門家が少ないこと。

解　説

　日本の財産の相続手続きでは、そもそも日本にプロベイト制度がないので、あえてプロベイトを回避するための生前信託を活用する必要はありません。

　一方、米国に財産を所有する日本人は増えてきていますが、その人達が、米国人に人気のある生前信託をそれほど活用していないようです。それには、以下のようないくつかの理由が考えられます。

❶日本で対応できる専門家が少ないこと

　日本国内で、米国の生前信託を行う専門家は極めて少ない状況です。したがって、米国の弁護士に依頼して信託を設定することとなりますが、信託合意書などは30～40ページにも及ぶ複雑な内容の英文であることから、日本語で分かりやすく説明してくれる米国人の弁護士も限られているのが実情だと思われます。

❷日本の税制における不確実性

　日本の信託税制は、信託に対する警戒心が強いように感じられ、米国の信託のスキームによっては、思わぬ日本の税金がかかる可能性があります。米国の信託を設定する際には、日本の税務の専門家にも相談したほうがよいでしょう。

❸費用と労力がかかる

　生前信託は信託合意書などの書類を作成するだけでなく、財産を受託者名義に変更する手続きが必要となります。

　不動産の名義変更は、米国の弁護士に依頼しますが、金融資産の場合、本人が米国の金融機関と直接やり取りしなければならないケースが多く（米国の弁護士に依頼することもあるようですが）、しかも口座名義人が海外に居住していることが分かると、口座の閉鎖を求められるケースが増えてきているようです。

　単なるプロベイト回避のために、生前信託を勧める専門家もいますが、本人の状況（年齢、国内外の財産構成、海外財産の活用方法、計画など）により、必ずしも生前信託が正しい選択肢にならない場合もあります。

　なお、米国では、プロベイトを回避することを主な目的として、生前に設定される生前信託の中に、自身の死後に効力が発生する信託の条項を入れるケースも数多く見られ、そのような信託の中には、税制上のメリットを享受しようと設計されたものもあります[注]。

　例えば、米国では、米国市民や米国居住者に認められた多額の遺産税控除額や、夫婦間の非課税の財産移転などの恩典を活用して遺産税の節税を図る「ABトラスト」（別名「バイパストラスト」）が盛んに作られています。米国では、信託に関わる税制が整備されており、米国市民や米国居住者は、合法的に遺産税の節税が可能ですが、必ずしも米国非居住者である日本人がそのメリットを享受できるとは限りません。また、配偶者が外国籍の場合、遺産税の繰延べを可能にする特殊な信託（QDOT）がありますが、配偶者が亡く

なるまで財産を米国に固定しなければならないなど、日本人にとって必ずしも使い勝手がよいものとはいえません（QDOTについて、詳しくは**Q50**および巻末の「参考資料2」（P.199）を参照）。

注　税制上のメリットを享受する信託は、遺言書でも設定できます。生前信託の目的は、あくまでもプロベイト回避が主眼であるといえるでしょう。

Q50

QDOTの問題点
ハワイのコンドミニアム（分譲マンション）と銀行預金
に対し、現地の弁護士から、節税のためにQDOT
（Qualified Domestic Trust）という信託を設定する
ように勧められました。遺産税（日本の相続税に相当す
るもの）の節税になるとのことですが、本当ですか。

A 遺産税の繰延べというメリットはあるものの、日本の税務につい
て考慮する必要があるほか、QDOTを設定した財産は自由に日
本に移すことができない、米国での所得税申告が必要になる、と
いった大きなデメリットがあることに注意する必要があります。

解　説

　米国では、米国市民の配偶者に贈与や相続で移転される財産は、課税対象
財産から控除されるため、課税されませんが、配偶者が米国市民でない場合、
この控除が認められません（一次相続の際に贈与税や遺産税を徴収しないと、
配偶者が死亡する前に財産が米国外に流出するおそれがあるため）。しかし
ながら、米国市民Xと外国籍の配偶者Yの夫婦が、財産を米国外に流出しな
いなどの一定の要件を満たした信託（QDOT）を設定する場合は、X死亡時
の遺産税の課税は、Xの配偶者Yが死亡するときまで繰り延べられます。す
なわち、Yが亡くなった時点でQDOTに遺っている財産は、最初に亡くなっ
たXの遺産として遺産税が課されることになるのです。課税対象額は、Yが
亡くなった時点の評価額となりますが、税率は、Xの死亡時の税率が適用さ
れます。

　なお、QDOTを利用する際には次の３点に注意する必要があります。

①QDOTにおいては、受託者（Trustee）の少なくとも１人は米国市民また

は米国会社（米国銀行など）であること。

②配偶者は、信託の収益（利子、株式の配当金、賃料など）を遺産税なしで受け取ることは可能だが、もし、元本を受け取ってしまった場合は、その時点で遺産税が課されること。健康・教育・生活維持などの緊急の費用においては遺産税なしでの元本受け取りも可能だが、どのような場合をもって「緊急」とするかは受託者の裁量に委ねられる。受託者は税務に間違いがないよう慎重に対応するので、遺産税が課されないで元本を請求する場合は、配偶者の所得や生活にかかる費用、預金額などプライベートな情報を受託者に提供する必要があり、プライバシーとの兼ね合いが出てくる。

③信託の収益は、遺産税が課されず受け取り可能だが、別に所得税は課される。配偶者が日本居住であったとしても毎年米国に対して所得税申告が必要となる。所得税申告には米国の税務専門家を雇って行うケースが多いが、それにかかる費用は配偶者が個人で負担しなければならない。配偶者の年齢によっては、米国および米国の税務専門家と「長いお付き合い」になる。

　したがって、QDOTは「遺産税の繰延べ」という税制上のメリットがありますが、QDOTとした米国財産は、配偶者が亡くなるまでは、原則米国内に固定され、元本取崩しに制限があったり、配偶者が米国で所得税の申告を行う必要があったりするというデメリットがあることに注意する必要があるでしょう。それだけの負担や費用をかけても、結局元本を取り崩して受け取る場合は、その時点で遺産税が課されることになり、税の繰延べの恩典がなくなります。また、米国で遺産税が繰り延べられたとしても、日本では配偶者に相続税がかかる場合もあるでしょう（その場合、配偶者は財産を受け取れないのに税金を支払わなければならなくなります）。それでもQDOTが適している場合もありますが、「米国市民でない＝QDOT」と自動的に考えるのではなく、日本の税務も含め、メリット・デメリットをよく考慮した上で、一次相続の際にQDOT設定の可否・範囲を検討する必要があるでしょう（QDOTについては、巻末の「参考資料2」（P.199）を参照）。

生前信託は作ったけれど…

　お客さまより、「米国人の弁護士に遺言書を作ってもらったが、内容が難しくてなかなか理解できない。どのような内容が書いてあるのか見て欲しい」といったご相談を受けることがあります。内容を拝見すると、遺言書ではなく「生前信託」である場合が多く、しかも法律や税務の専門用語が頻繁に出てくる分厚い英文契約書で、お客さまが理解するのは極めて難しい内容となっています。私達の経験では、「これまで接したお客さまで、内容をきちんと理解されている方はほとんどいらっしゃらなかった」状況でした。

　生前信託は、遺言書の内容、すなわち「どの財産を誰にどれだけ渡すか」という財産配分の指定も含まれています。ご自身の遺言書で、「財産がどのように配分されるのか自分でもよく分からない」という状況は、本来あってはならないことではないか、と考える次第です。

　また、せっかく生前信託を作られたものの、財産の名義を生前信託の受託者名義に変えておらず、生前信託を作られた意味がない事例もありました。

　一方、米国では、信託に対する税制が整備されているため、米国市民・米国居住者にとっては、信託を利用することで合法的に遺産税の節税が図れるようになっています。しかしながら、日本に居住する日本人にとっては、それらの税制の恩典を受けることは難しいものと考えます。また、日本の税制についても考慮する必要がありますが、信託に対する日本の税制は、信託に対する警戒心が強いように感じられ、日本で思わぬ税金がかかる結果となりかねません。さらに、「財産が米国内に固定される場合がある」といった問題により、遺された親族に重い負担を与えかねないケースがある、と感じています。

　加えて、自分の死後、遺された米国の財産を、指定した受益者のために、

信託契約書に沿って誠実に管理してくれる「信頼できる承継受託者」を米国にいる人や法人の中から選択できるのか、という問題もあります。信託は、プロベイトの回避が可能ですが、それは承継受託者の行為を裁判所等の第三者がチェックする機能が働きにくいことを意味します。

　承継受託者に指定した人や法人（米国の友人あるいは弁護士、金融機関等）の行動を日本にいる家族等がチェックし、必要に応じて是正させることは、非常に難しいものと考えます。

　米国で信託が発達している主な理由は、**Q46**、**Q47**、**Q49**で述べたように、①面倒なプロベイトを回避できる、②合法的に遺産税の節税ができる、ことだと考えます。

　米国では、米国市民や米国居住者に対して、1,170万米ドル（約12.7億円、2021年）もの多額の控除額が認められており、また、財産を受け取る配偶者が米国市民であれば、贈与税も遺産税も全く課されることなく、財産を受け取ることが可能です（**Q53**および**Q54**を参照）。これらの税制の恩典を活用して信託を設定することにより、何世代にもわたって遺産税を節税できるようなスキームを構築することが可能なのです。

　そして、米国の税制では、特定の信託のパターンを決めて、そのパターンに基づいた信託であれば、「合法的に遺産税の節税ができる」ように税制を整備しているのです。　例えば、ABトラスト（バイパストラスト）やQDOT（**Q50**を参照）等を挙げることができます。

　一方、日本の信託税制は、贈与や相続において、受益権という権利を取得しただけであるにも関わらず、信託財産全体を贈与や相続で一括して取得したとみなして、信託財産全体に贈与税・相続税が課せられる仕組みとなっています。これでは、「担税力のない時期に、担税力のない人に課税する」との指摘を受けても仕方がないのでは、と感じています。

　日本では、信託に対する警戒心が強いように感じられ、上記の税制の問題もあって、信託が積極的に活用されているとは言い難い状況が続いています。

　高齢化社会が急速に進展している日本において、認知症の問題が大きな社会問題となってきており、信託の「後見的財産管理機能」や「資産承継機能」といった優れた機能を、もっと有効に活用してもよいのでは、と感じていま

す。

　現行の制度、例えば遺言や成年後見制度は、高齢化社会の切実なニーズに必ずしも十分に対応しているとはいえません。遺言は、一世代だけの財産承継であり、何世代にもわたって財産の取得者を決めることはできません。また、遺言書は、相続人が話し合って合意すれば、変更や破棄が可能なのです（この話を米国の弁護士にすると、みな驚きます）。一方、成年後見制度では、本人の財産を後見人の判断で家族のために有効に活用したり、運用して利殖を得たりすることはできません。信託の機能をうまく活用すれば、これらのニーズに応えることも可能となるのです。

　日本でも、信託をよりよく活用できるようにするために、米国のように特定のパターンの信託に対し、より柔軟な税制を適用することを検討してみてもよいのでは、と感じています。例えば、収益賃貸物件（不動産）の配偶者への相続において、受益権の評価を、不動産全体とするのではなく、「配偶者居住権」と同様の評価方法（存続年数に応じた複利現価率による計算）にする、といった対応も検討してみてもよいのでは、と考えています。

第7章

海外財産に係る税務

Q51 納税義務者であることの判断基準
日本の居住者・非居住者は、何を基準として判断されますか。

A 税法上、「住所」などが日本国内にあるかどうかで判断されます。「住所」などの判定基準については、客観的な事実に基づいて判断されますが、所得税と贈与税・相続税においては、その判定基準の一部について違いがあるので注意が必要です。

解　説

　税金を納める人（納税義務者）を決めるに当たって、その国の居住者であるか非居住者であるか、という点が重要なポイントとなります。

　日本の所得税法上、「居住者」とは、国内に「住所」を有し、または現在まで引き続き1年以上「居所」を有する個人をいいます。また、「非居住者」は「居住者」以外の個人をいいます。

　ここで「住所」とは、「個人の生活の本拠」をいい、「生活の本拠」かどうかは、「客観的な事実によって判定する」ことになります。また、「居所」とは、「その人の生活の本拠ではないが、その人が現実に居住している場所」とされています（国税庁のホームページより）。

　したがって、住所地は、「住民票がある」といった形式的なものだけでなく、その人の住居、職業、保有する財産の所在、配偶者や生計を一にする親族の居住状況、国籍などの客観的な事実を基に総合的に判断していくことになります。

　一方、日本の贈与税・相続税においては、その者が財産取得時に海外に居住していたとしても、学術・技芸の習得のために留学中で、日本の親の扶養親族になっている場合など一定の条件の下では、日本国内に住所があるもの

とみなされます。

　なお、外国（A国）の居住者となるかどうかは、A国の法令によって決まることになります。仮にA国で居住者と判定され、我が国でも居住者と判定される場合、A国と日本の間に租税条約がある場合では、二重課税を防止するため、居住者の判定方法を定めていますが、必要に応じ両国の税務当局による協議が行われることもあります。

武富士事件

贈与税の課税判断基準である「住所」について争われた典型的なケース

平成23（2011）年2月に武富士事件の最高裁判決が下されました。

武富士事件とは、武富士の元会長夫妻から平成11（1999）年に贈与されたオランダの持株会社の株をめぐって、約1,600億円に上る申告漏れを指摘された長男が約1,330億円の追徴課税処分の取消しを求めたものです。一審・地裁では納税者勝訴、二審・高裁で国税勝訴となり、最高裁で納税者の逆転勝訴に至ったものです。争点となったのは、長男の「住所」です。

贈与が行われた当時の税制では、海外居住者への海外財産の贈与は非課税扱いとなっていました。そのため「住所」が海外なのか日本なのかが争点となったのです。長男は「65.8％を香港で過ごし、生活実態もあった」と主張しましたが、国側は「香港滞在は贈与税回避目的であり、仕事上の本拠地も日本である」などと反論し、最高裁まで争うこととなりました。

最高裁判決は「客観的に生活の本拠としての実態を備えているか否かによって決めるべきだ」と指摘し、贈与前後の期間の3分の2を香港で過ごし、かつ業務に従事していたことなどを挙げて、「贈与税回避の目的があったとしても客観的な生活の実態が消滅するものではない」として、一審同様に長男の住所は香港にあったと認定しました。

この事件を契機とし、平成12（2000）年に税制改正が行われました。その結果、受贈者（相続人）が非居住者であった場合でも、贈与者（被相続人）または受贈者（相続人）のいずれかが、過去5年以内に日本国内に住所を有していたことがあり、受贈者（相続人）が日本国籍者の場合は、贈与・相続により取得した海外の財産に対しても、贈与税・相続税が課されることとなりました。その後、贈与税・相続税の課税範囲はさらに拡大されました（**Q57**を参照）。

2．海外（米国）財産に対する現地での税金について

Q52 米国財産に関する税金
米国の財産に関する税金にはどのようなものがありますか。

A 米国では、連邦税と州税に大きく分けられます。また、連邦税の税金の種類としては、所得に対する所得税、生前贈与に対する贈与税、相続発生時にかかる遺産税があります。州税では所得税や遺産税のある州とない州があります。また、州によっては消費税の有無や税率が異なります。さらに、郡や市町村などの地方自治体レベルでの不動産税やその他の税金があります。

解　説

　例えば、米国で不動産を所有し、賃貸収入を得ている場合を想定します。この場合、①不動産の所有に対しては、郡や市町村などの地方自治体の不動産税が、②賃貸収入および譲渡に対しては所得税（連邦所得税と、州によっては州や市の所得税）が、③贈与・相続に関しては、贈与税・遺産税（連邦の贈与税・遺産税、州によっては州の贈与税・遺産税）がそれぞれ課されます（主な州の遺産税の有無については、巻末の「参考資料1」（P.197）を参照）。それとは別に、州や郡によっては不動産の譲渡の際には不動産譲渡税などがかかる場合もあります。

　不動産税は、不動産が所在する地方自治体によって課され、年に1〜2回に分けて支払われます。

　賃貸収入に対しては、源泉徴収方式で課税されるのが基本ですが、ネット・レント方式を選択することも可能です。源泉徴収方式とは、テナントがレントを払う際に、一定の税率で源泉徴収を行い、家主に代わってこの税額を納付する方式です。一方、ネット・レント方式とは、レント総収入から不動産

税・支払利子・修繕費・管理費・維持費・保険料・減価償却費などの必要経費を控除したネット・レント（純利益または純損失）について、家主が確定申告をして納付する方式です。

　日本の居住者が所有している場合は、米国だけでなく日本においても、米国の不動産賃貸から生じるネット・レント純利益を「不動産所得」として、ほかの所得と合算して申告する必要があります。

　米国で不動産を譲渡する場合、日本居住の日本人のような非居住外国人の場合、売却損の有無に関わらず、まず米国にて売却価格に一定の税率をかけた税額が一律源泉徴収されます（ただし、源泉徴収された税金は、実質売却益が出ていない場合や、源泉徴収額が実際の利益に対する税額より多いときには、その差額について、米国で確定申告をすることにより還付を受けることが可能です）。

　贈与・相続に関しては、米国では財産を渡す人が税金を負担します。すなわち、贈与する人、相続の場合は亡くなった人が納税義務を負うことになります（相続の場合、実際には人格代表者が遺産から支払います）。

　一方、日本の場合は、米国と異なり、財産を受け取る人が贈与税・相続税を負担します。日米間には所得税のみでなく、贈与税および遺産税・相続税についても租税条約がありますので、二重課税をある程度防ぐようになっていますが、贈与税と遺産税・相続税の条約はかなり古く、税法の頻繁な変更に対応しきれていない部分もあり、二重課税が必ずしも避けられるとは限りません。

Q53 米国財産に対する米国の贈与税

米国の財産を贈与した場合、米国での贈与税はどのように課されるのでしょうか。

A 米国では日本と異なり、財産を受け取った人ではなく、贈与をした人に納税義務が生じます。米国非居住外国人である人が生前贈与を行った場合は、米国では米国内にある有形資産について米国贈与税の課税対象となります。一方、米国市民や米国居住者の場合は、贈与財産の所在や性質に関わらず、すべての贈与が課税対象となりますが、控除額等で米国非居住外国人に比べて優遇されています。

解　説

　財産を受け取った人が贈与税を負担する日本と異なり、米国では贈与した人が贈与税を負担します。

　米国に所在する財産を贈与する場合、贈与者が米国市民・米国居住者か、それとも米国非居住外国人かで、贈与税が次のとおり変わってきます。

　まず、贈与者の米国居住・非居住に関わらず、受贈者1人当たり毎年一定額（年間基礎控除額）まで贈与は非課税とされています。2021年の年間基礎控除額は、受贈者1人当たり15,000米ドルです。また、贈与者が夫婦（2人とも米国市民または米国居住者）の場合、Gift Splitting（みなし分割贈与）という特例が認められています。例えば、夫が子1人に20,000米ドルの贈与を行う場合、妻の同意を得れば、夫婦それぞれが10,000米ドルずつ子に贈与したとみなして、年間基礎控除の範囲内で非課税で贈与を行うことが可能となります（IRC2513(a)(1)）[注1]。

　なお、贈与者が米国市民または米国居住者の場合は、上記の年間基礎控除額とは別に、生涯の贈与額に対する控除額があります。また、贈与税における居住・非居住は、所得税とは異なり、ドミサイル（Domicile）によって判

定されることに注意する必要があります（ドミサイルについては**Q 9**を参照）。

　これは、米国の贈与税と遺産税は別個の課税制度ではなく、両税が連邦統一移転税の一環として存在していることから、本人が死亡した際に、生前に課税扱いで贈与した財産と死亡時の遺産を通算し、その通算された財産額に対し、一定の控除額（2021年は1,170万米ドル、約12.7億円）[注2] が適用されるというものです（過去に支払った贈与税は、ここで再計算されて精算されることになります）。

〔図表7－1〕米国贈与税の概要

贈与者 ＼ 受贈者	米国市民・米国居住者・米国非居住外国人
米国市民 米国居住者	課税対象：全世界財産（納税義務者：贈与者） ①年間基礎控除額（受贈者1人当たり）：15,000米ドル（2021年） ②生涯控除限度額：1,170万米ドル（2021年） 　米国市民の配偶者への贈与額は、上限なく贈与財産価額の合計額から控除が可能 　外国籍の配偶者への贈与の年間控除限度額は159,000米ドル（2021年）
米国非居住外国人	課税対象：米国所在財産のうち有形資産（納税義務者：贈与者） 年間基礎控除額（受贈者1人当たり）：15,000米ドル（2021年） 課税の対象外：米国所在財産のうち無形資産 また、日米相続税条約では、全世界財産を開示することで米国市民、米国居住者に認められている控除額の一定割合を控除額とすることが認められています。 （2021年の場合） 控除額：1,170万米ドル×（米国贈与財産の価額の合計額／全世界財産）

・米国市民：米国市民権を有する米国籍者のこと
・米国居住者：米国にドミサイル（Domicile、**Q 9**を参照）を有する人
・申告・納税期限：翌年の4月15日

※ 祖父母から孫等へ世代を飛越えて直接贈与する場合は、通常の贈与税に加えて世代飛越移転税（Generation Skipping Transfer Tax）として40％（2021年）の最高税率が課される場合があることに注意が必要です。

注 　日本または米国における税制改正により、将来において上記記載の内容が変更となる可能性があります。

一方、米国非居住外国人が財産を贈与した場合には、生涯の贈与額に対する控除額（2021年は1,170万米ドル）^(注2) は利用できませんが、米国内に所在する有形資産のみが米国の贈与税の課税対象となります。無形資産は所在に関わらず、贈与税の課税対象外とされます（日本では贈与税の課税対象となる可能性が高い）。

　ここでいう有形資産とは、不動産・現金・宝石・貴金属・自動車・美術品など、無形資産は、株式・債券・投資信託などの有価証券、手形、著作権などを指します。

　贈与税の課税対象財産を贈与する場合、2021年の場合、前述のとおり受贈者1人当たり年間15,000米ドルまでは非課税扱いとなり、それを超える額に対しては18～40％の贈与税が課されます^(注3)。

　また、日米相続税条約（第4条）では、米国非居住者である日本人が米国所在の有形資産を贈与するとき、米国市民・米国居住者に認められている控除額（2021年は1,170万米ドル）^(注2) の一定割合^(注4) を利用することが認められていますが、そのためには日本の財産を含む全世界財産を開示する必要があります。

注1　Internal Revenue Code（米国内国歳入法）の略

注2　この控除はUnified Creditと呼ばれ、2017年末の税制改正で大幅に増額されましたが、2025年までの時限立法であり、2026年以降は改正前の控除額（549万米ドル、ただしインフレ率による調整あり）に戻る予定です。

　　　一方、民主党政権下では変更の可能性もあり、今後の米国の贈与税・遺産税の動向を注意深く見守る必要があるようです。

注3　実際の税額の計算は、概ね以下のようになります。

　　　例えば、米国市民・米国居住者が1,200万米ドルの贈与を行った場合、1,200万米ドルから1,170万米ドルの控除額を引いて、その差額に対して18～40％の税率で税額が計算されるわけではありません。まず、1,200万米ドルの贈与について、累進税率で税額を計算し、そこから1,170万米ドルに対する税

額が控除されます。その結果、差額の30万米ドルに対して40％の税率で贈与税が課されることになります。

　　贈与税の税率については、**Q54〔図表7－3〕**「2021年米国贈与税・遺産税の税率・控除額」をご参照ください。

注4　米国市民・米国居住者に認められている控除額×

（米国贈与財産の価額の合計額／全世界財産）

Q54 米国財産に対する米国の遺産税

父は、米国に不動産と銀行預金を遺して亡くなり、私が米国の財産を相続することになりました。父も私も日本居住で国籍も日本ですが、米国財産の相続に当たって、米国に税金を納める必要はありますか。

A 財産が一定額を超える場合、米国に遺産税を納める必要があります。ただし、亡くなった人が米国から見て非居住外国人の場合、その人の事業用でない銀行預金や生命保険など、特定の財産は遺産税の対象とはなりません。

解 説

米国では、日本と異なり、亡くなった人（被相続人）が遺産税（日本の相続税に当たります）を負担します（実際には遺産から遺産税が支払われます）。

米国の遺産税は、亡くなった人（被相続人）が米国市民・米国居住者か、それ以外の米国非居住外国人かで、その内容が次のとおり変わります。ただし、遺産税における居住・非居住は、所得税とは異なりドミサイル（Domicile）によって判定されることに注意する必要があります。そのため、米国永住権保持者が遺産税においては非居住外国人と判定されることがあり得るのです（ドミサイルについては**Q9**を参照）。

被相続人が米国市民・米国居住者の場合、米国財産だけでなく、その人が全世界に所有している財産が課税対象となりますが、1,170万米ドル（約12.7億円、2021年）の控除額（Unified Credit）[注1] が認められています（これは、本人が生前贈与で渡した財産額と相続によって渡した財産額の通算となります）。ただし、米国籍を有する米国市民の配偶者への相続による財産移転は、控除額の上限がなく遺産税対象財産額から控除されます。

米国の贈与税と遺産税は、連邦統一移転税の一環として存在しています。

贈与税は遺産税の前払いにすぎないので、生前に課税対象となったすべての贈与財産は死亡した際に遺産に加えられ、合計額に対して遺産税が計算されます。その後で、上記の控除額に対する税額控除額と過去に納付した贈与税額の累積額が遺産税額から差し引かれて精算されます。したがって、生前に課税対象となる贈与を行っていない人は遺産税額から1,170万米ドルに対する税額控除の全額が控除されますが[注1]、生前に贈与を行い、税額控除の一部または全額を利用した人は、遺産税の税額控除額がその分減らされます。

〔図表 7 - 2〕米国遺産税の概要

被相続人 ＼ 相続人	米国市民・米国居住者・米国非居住外国人
米国市民 米国居住者	課税対象：全世界財産 控除額：2021年の場合、課税遺産額ベースで1,170万米ドル ただし、米国籍を有する米国市民の配偶者への相続による財産移転は、上限なく遺産額から控除が可能。 また、先死亡の配偶者（米国市民または米国居住者）の未使用の控除額を、遺された配偶者（死亡時に米国市民または米国居住者）が使用することが可能（Portability. ただし、先死亡の配偶者の遺産税申告においてPortabilityを選択する等の一定の条件を満たす必要があります）
米国非居住 外国人	課税対象：米国所在財産（ただし、米国事業に関連しない銀行預金等は対象外） 控除額：課税遺産額ベースで6万米ドル また、日米相続税条約では、全世界財産を開示することで米国市民、米国居住者に認められている控除額の一定割合を控除額とすることが認められています。 2021年の場合(課税遺産額ベース) 　控除額：1,170万米ドル×（米国財産の価額の合計額／遺産総額）

①納税義務者：被相続人（遺産を管理する人格代表者）
②米国市民：米国市民権を有する米国籍者のこと
　米国居住者：米国にドミサイル（Domicile、**Q 9** を参照）を有する人
③申告納税期限：死亡日より9カ月以内（原則）
④課税の対象：被相続人の国籍や居住・非居住の状況により取扱いが異なります。
⑤連邦税である遺産税とは別に、州税として遺産税・相続税がある州もあります。

注　日本または米国における税制改正により、将来において上記記載の内容が変更となる可能性があります。

米国から見て「非居住外国人」に当たる人が亡くなった場合は、米国の法律上は米国所在財産が60,000米ドル（2021年）を超えると、米国の連邦遺産税が課されることになります。無形資産が対象外である贈与税とは異なり、遺産税の場合は有形・無形に関わらず「米国所在」とされる財産は原則すべて課税対象となります。米国所在財産の定義をここにすべてまとめると長くなるので省きますが、米国所在の有形資産に加え、米国会社の株などが含ま

〔図表 7 - 3〕 2021年米国贈与税・遺産税の税率・控除額

課税贈与額・課税遺産額		税率	課税贈与額・課税遺産額		税率
	10,000ドル以下	18%	100,000ドル超 150,000ドル以下		30%
10,000ドル超	20,000ドル以下	20%	150,000ドル超 250,000ドル以下		32%
20,000ドル超	40,000ドル以下	22%	250,000ドル超 500,000ドル以下		34%
40,000ドル超	60,000ドル以下	24%	500,000ドル超 750,000ドル以下		37%
60,000ドル超	80,000ドル以下	26%	750,000ドル超 1,000,000ドル以下		39%
80,000ドル超	100,000ドル以下	28%	1,000,000ドル超		40%

相続開始年	取扱い	最高税率
2010	①、②いずれかの取扱いを選択	
	①非課税扱い（相続財産を売却する際の所得計算における取得価額について、被相続人の取得価額を引き継ぐ）	―
	②課税扱い：500万米ドルの控除額が適用	35%
2011	課税扱い：500万米ドルの控除額が適用	35%
2012	課税扱い：512万米ドルの控除額が適用	35%
2013	課税扱い：525万米ドルの控除額が適用	40%
2014	課税扱い：534万米ドルの控除額が適用	40%
2015	課税扱い：543万米ドルの控除額が適用	40%
2016	課税扱い：545万米ドルの控除額が適用	40%
2017	課税扱い：549万米ドルの控除額が適用	40%
2018	課税扱い：1,118万米ドルの控除額が適用	40%
2019	課税扱い：1,140万米ドルの控除額が適用	40%
2020	課税扱い：1,158万米ドルの控除額が適用	40%
2021	課税扱い：1,170万米ドルの控除額が適用	40%

米国における税制改正により、将来において上記記載内容が変更となる可能性があります。

れます。ただし、米国での事業用でない銀行預金は対象外となります（IRC2105(b)(1)）^(注2)。したがって、非居住外国人の米国での事業用でない銀行預金は、遺産税の申告要否（一定額を超えるか否か）の判断において、対象から外れることになります。また、亡くなった非居住外国人にかけられていた生命保険の保険金なども「米国外」財産とみなされます（IRC2105(a)）^(注2)。

　また、日米相続税条約（第4条）では、米国非居住者である日本人の米国所在財産が日本居住者に渡る場合は、米国市民・米国居住者に認められている控除額（2021年は1,170万米ドル）^(注1)の一定割合^(注3)を利用することが認められていますが、そのためには日本の財産を含む全世界財産を開示する必要があります。

　なお、贈与税、遺産税は連邦税ですが、州によってはそれらとは別に、州の贈与税や遺産税（相続税）が課されることがあります。例えば、ニューヨーク州は遺産税、ペンシルバニア州は相続税が課されます。

注1　この控除はUnified Creditと呼ばれ、2017年末の税制改正で大幅に増額されましたが、2025年までの時限立法であり、2026年以降は改正前の控除額（549万米ドル、ただしインフレ率による調整あり）に戻る予定です。

　　　一方、民主党政権下では変更の可能性もあり、今後の米国の贈与税・遺産税の動向を注意深く見守る必要があるようです。

注2　Internal Revenue Code（米国内国歳入法）の略

注3　米国市民・米国居住者に認められている控除額×

（米国財産の価額の合計額／遺産総額）

Q55
米国の遺産税の申告
米国の遺産税申告はどのような流れで行われますか。手続きを進める上で気をつけることはありますか。

A 相続開始後9カ月以内に、連邦遺産税の申告と納付を行います。延長申請を行うことで、申告期限をさらに6カ月延長することが可能ですが、税金は9カ月の期限までにその見積額をいったん現金で支払わなければなりません。

　なお、亡くなった人が日本に居住する日本人（米国から見た非居住外国人）の場合は、日米相続税条約を利用して、米国市民・米国居住者に認められた控除額の按分割合を適用して遺産税額を少なくする方法がありますが、日本の財産内容の開示が求められますので、税務の専門家に相談することをお勧めします。

解　説

　米国の遺産税の申告期限は、相続開始後9カ月以内です。この期限までに、遺産税申告書を米国税務当局（IRS）に提出し、遺産税を現金で納付しなければなりません。

　亡くなった人が日本に居住する日本人（米国から見た非居住外国人）の場合、実務上は、米国の会計士・税理士などに依頼して、連邦遺産税申告書（非居住外国人用のForm 706-NA）を作成してもらいます。

　9カ月の期限までに税額が確定できない場合は、申告の延長申請書（Form 4768）を用いて6カ月の延長申請を行うとともに、仮に計算した税額を納付します。この場合、相続開始から15カ月以内に正式な遺産税申告書を提出し、税額の過不足があれば、それを調整します（過払いがあれば還付請求を行い、不足があれば不足分を利息付きで納付します。不足分が多い場合にはペナルティが課される場合もあるので注意が必要です）。米国の遺産税申告期限は

9カ月以内と、日本の相続税申告の10カ月以内よりも早いので、期限に間に合うように準備を行うことが必要となります。

　遺産の評価は、相続が開始された時点の時価（公正な市場価格）が用いられますが、評価の基準日を代替的評価基準日（Alternate valuation date）とすることも認められています。代替的評価基準日は、

①　相続開始後6カ月以内に課税財産の分配や売却等を行った場合には、その分配や売却等を行った日

②　6カ月以内に課税財産の分配や売却等を行わなかった場合は、相続開始後6カ月の日

となります。不動産の場合は、専門の鑑定評価会社に依頼して評価額を出すことになります。

　なお、日米相続税条約（第4条）では、米国非居住の日本人である被相続人が所有する米国財産が日本居住者に渡る場合、被相続人の全世界財産を開示することで、米国市民・米国居住者に認められた控除額（2021年は1,170万米ドル、約12.7億円）の一定割合[注]を利用することが認められています。

　ただし、この方法を用いる場合、計算式からも分かるとおり、亡くなった人のすべての財産（日本、米国およびその他の国に保有されていたすべての財産）の明細とその評価額を英文で提出する必要があり、かなりの労力と費用がかかることになります。この方法を用いるか否かについては、税務の専門家に相談することをお勧めします。

　注　米国市民・米国居住者に認められた控除額×

　　　　　　　　　　　　　　　（米国財産の価額の合計額／遺産総額）

（「Form 706-NA」の表紙見本）

Form **706-NA**	United States Estate (and Generation-Skipping Transfer) Tax Return
	Estate of nonresident not a citizen of the United States

Form **706-NA**

(Rev. June 2019)

Department of the Treasury
Internal Revenue Service

United States Estate (and Generation-Skipping Transfer) Tax Return
Estate of nonresident not a citizen of the United States
To be filed for decedents dying after December 31, 2011.
Go to *www.irs.gov/Form706NA* for instructions and the latest information.
► **File Form 706-NA at the following address:**
Department of the Treasury, Internal Revenue Service Center, Kansas City, MO 64999.

OMB No. 1545-0531

Attach supplemental documents and translations. Show amounts in U.S. dollars.

Part I   Decedent, Executor, and Attorney

1a Decedent's first (given) name and middle initial	b Decedent's last (family) name	2 U.S. taxpayer ID number (if any)

3 Place of death	4 Domicile at time of death	5 Citizenship (nationality)	6 Date of death

7a Date of birth	b Place of birth	8 Business or occupation

9a Name of executor

b Address (city or town, state or province, country, and ZIP or foreign postal code)

c Telephone number	d Fax number	e Email address

10a Name of attorney for estate

b Address (city or town, state or province, country, and ZIP or foreign postal code)

c Telephone number	d Fax number	e Email address

11   If there are multiple executors or attorneys, check here ☐ and attach a list of the names, addresses, telephone numbers, fax numbers, and email addresses of the additional executors or attorneys.

Part II   Tax Computation

1	Taxable estate from Schedule B, line 9	1	
2	Total taxable gifts of tangible or intangible property located in the U.S., transferred (directly or indirectly) by the decedent after December 31, 1976, and not included in the gross estate (see section 2511) . .	2	
3	Total. Add lines 1 and 2	3	
4	Tentative tax on the amount on line 3 (see instructions)	4	
5	Tentative tax on the amount on line 2 (see instructions)	5	
6	Gross estate tax. Subtract line 5 from line 4	6	
7	Unified credit. Enter smaller of line 6 amount or maximum allowed (see instructions) . .	7	
8	Balance. Subtract line 7 from line 6	8	
9	Other credits (see instructions) 9		
10	Credit for tax on prior transfers. Attach Schedule Q, Form 706 10		
11	Total. Add lines 9 and 10	11	
12	Net estate tax. Subtract line 11 from line 8	12	
13	Total generation-skipping transfer tax. Attach Schedule R, Form 706	13	
14	**Total transfer taxes.** Add lines 12 and 13	14	
15	Earlier payments. See instructions and attach explanation	15	
16	Balance due. Subtract line 15 from line 14 (see instructions)	16	

Under penalties of perjury, I declare that I have examined this return, including accompanying schedules and statements, and to the best of my knowledge and belief, it is true, correct, and complete. I understand that a complete return requires listing all property constituting the part of the decedent's gross estate (as defined by the statute) situated in the United States. Declaration of preparer (other than the executor) is based on all information of which preparer has any knowledge.

Sign Here

Signature of executor	Date
Signature of executor	Date

May the IRS discuss this return with the preparer shown below? See instructions.
☐ Yes   ☐ No

Paid Preparer Use Only

Print/Type preparer's name	Preparer's signature	Date	Check ☐ if self-employed	PTIN
Firm's name ►			Firm's EIN ►	
Firm's address ►			Phone no.	

For Privacy Act and Paperwork Reduction Act Notice, see the separate instructions.   Cat. No. 10145K   Form **706-NA** (Rev. 6-2019)

（「Form 4768」の表紙見本）

Form 4768
(Rev. February 2020)
Department of the Treasury
Internal Revenue Service

Application for Extension of Time To File a Return and/or Pay U.S. Estate (and Generation-Skipping Transfer) Taxes

OMB No. 1545-0181

▶ Go to *www.irs.gov/Form4768* for instructions and the latest information.

Part I — Identification

Decedent's first name and middle initial	Decedent's last name	Date of death
Name of executor	Name of application filer (if other than the executor)	**Decedent's social security number**
Address of executor (number, street, and room or suite no.)		Estate tax return due date
City, state, and ZIP code	Domicile of decedent (county, state, and ZIP code)	Daytime telephone number of executor

Part II — Extension of Time To File Form 706, 706-A, 706-NA, or 706-QDT (Section 6081)

Form for which extension of time to file is being requested:

☐ Form 706   ☐ Form 706-A   ☐ Form 706-NA   ☐ Form 706-QDT

Automatic Extension

☐ Check here if you are applying for an automatic 6-month extension of time to file, and the time for filing has not passed.

Extension For Cause/Form 4768 Not Filed In Time For Automatic Extension

☐ Check here if you are applying for an extension of time to file, based on good and sufficient cause, and the time for filing has passed. Also you **must** attach a statement explaining in detail why a request for automatic extension was not timely made, why it was impossible or impractical to file the return by the due date, and the specific reasons why you have good and sufficient cause for not requesting the automatic extension. If granted, the 6-month extension for cause runs from the original due date of the return. See instructions.

Additional Extension

☐ Check here if you are an executor out of the country applying for an extension of time beyond the 6-month automatic extension to file. Also you **must** attach a statement explaining in detail why it was impossible or impractical to file the return by the due date. See instructions.

Enter extension date requested

Part III — Extension of Time To Pay (Section 6161)

You must attach your written statement to explain in detail why it is impossible or impractical to pay the full amount of the estate (or GST) tax by the return due date. If the taxes cannot be determined because the size of the gross estate is unascertainable, check here ▶ ☐ and enter "-0-" or other appropriate amount on Part IV, line 3. You must attach an explanation.

Enter extension date requested (Not more than 12 months)

- If this request is for the tax that will be or was due with the filing of the return, check here . . . . ▶ ☐
- If this request is for the tax that will be due as a result of an amended or supplemental return, check here . . . . . ▶ ☐
- If this request is for additional tax due as a result of an examination of your return, check here . . . . ▶ ☐
- If this request is for a section 6166 installment payment, check here . . . . ▶ ☐

Part IV — Payment To Accompany Extension Request

1	Amount of estate and GST taxes estimated to be due	1
2	Amount of cash shortage (complete Part III)	2
3	**Balance due** (subtract line 2 from line 1) (see instructions)	3

Signature and Verification

If filed by executor—Under penalties of perjury, I declare that I am an executor of the estate of the above-named decedent and that to the best of my knowledge and belief, the statements made herein and attached are true and correct.

Executor's signature	Title	Date

If filed by someone other than the executor—Under penalties of perjury, I declare that to the best of my knowledge and belief, the statements made herein and attached are true and correct, that I am authorized by an executor to file this application, and that I am (check applicable boxes):

☐ A member in good standing of the bar of the highest court of (specify jurisdiction) ▶
☐ A certified public accountant duly qualified to practice in (specify jurisdiction) ▶
☐ A person enrolled to practice before the Internal Revenue Service.
☐ A duly authorized agent holding a power of attorney. (The power of attorney need not be submitted unless requested.)

Filer's signature (other than the executor)	Date

Mail to: Internal Revenue Service Center, Attn: Estate & Gift, Stop 824G
7940 Kentucky Drive, Florence, KY 41042-2915

For Paperwork Reduction Act Notice, see separate instructions.   Cat. No. 41984P   Form **4768** (Rev. 2-2020)

Q56

納税資金の確保

米国にある遺産は不動産のみです。税務申告の際には納税資金が必要となりますが、米国には現金がありません。納税のために不動産を売却することは可能でしょうか。

A 相続手続きの過程で不動産を売却することは可能と思われますが、遺産税申告期限までの売却はかなり時間が限られます。プロベイトの場合、州によっては、売却について人格代表者が裁判所の許可を得る必要があります。

また、売却による譲渡益に対し日米双方で所得税が課せられる可能性があり、税務についても注意が必要です。

解 説

米国の場合、遺産税の申告期限は相続開始後9カ月以内です。延長申請により申告期限をさらに6カ月延ばすことは可能ですが、それでも9カ月の期限内に現金で納税する必要があります。したがって、相続開始後9カ月以内に売却および売却資金の回収が必要になりますが、物件の状況や市況により、その期限までに売却や資金回収ができるという保証はありません。

相続手続きがプロベイトによって行われている場合は、財産が裁判所の管理下に置かれていることもあり、州によっては財産の処分について、裁判所の許可が必要な場合もあります。許可が下りない場合もありますし、都合よく許可が下りたとしても、許可が下りるまでに相当の期間を要する場合が多く、申告期限内に売却できるとは限りません。

いずれにしても、申告・納税期限に売却できない場合を想定し、亡くなった人の日本の相続財産、あるいは相続人の固有の財産から遺産税を支払うことも検討しておくべきでしょう。

また、売却ができたとしても、譲渡益に対し日米双方で所得税が課せられる可能性があります。そして、日本と米国では譲渡益の算出方法が異なることが問題を複雑にします。米国の譲渡益は、取得価額等（Tax Basis）が原則相続開始時に修正（ステップアップ）されるので、譲渡益が出ないか、出ても日本ほど多くならない可能性があります。

　一方、日本では、被相続人の取得価額を引き継ぎますので、多額の譲渡益が発生する可能性があります[注]。

　日米双方で譲渡益課税がなされた場合、日本の所得税から米国で課された所得税の一定額を控除することが可能です（外国税額控除）。いずれにしても、税務手続きがかなり複雑になります。

注　米国の金融機関は、相続が開始した時点で古い取得価額の情報を消去してしまうことがあるようです（米国では不要な情報のため）。日本の所得税の計算では取得費が不明のときは、売却価額の５％相当額が取得費とされ、多額の譲渡益課税が発生する可能性があります。取得価額の情報は生前のうちに取得者自身できちんと保管しておいたほうがよいでしょう。

3. 海外の財産に対する日本の贈与税・相続税について

海外の財産に対する日本の贈与税・相続税

海外にある財産を贈与あるいは相続で取得する場合、日本で税金（贈与税・相続税）はかかるのでしょうか。

大半の場合、日本の贈与税・相続税の課税対象となります。

解　説

　日本に居住している日本人が海外の財産を贈与する場合、または海外に財産を所有して亡くなった場合、日本の贈与税・相続税の課税対象となります。海外の財産で課税対象とならないのは、贈与者・被相続人等と納税義務者（受贈者・相続人等）の双方が10年超日本に居住していない場合などの特殊なケースに限られます〔**図表7－4**〕。

　なお、令和3（2021）年度の税制改正では、外国人の人材のさらなる日本での就労等を促進するため、出入国管理及び難民認定法別表第一（在留資格）の上欄の在留資格を有する「被相続人等」の日本居住期間の制限がなくなり、当該被相続人等が10年超国内に居住していたとしても、「国内財産のみ」を贈与税・相続税の課税対象として、「国外財産」は課税されないこととなります。

令和 3 （2021）年 4 月 1 日以降に贈与・相続により取得する財産に係る贈与税・相続税について適用

贈与者 被相続人 ＼ 受贈者 相続人		国内に住所あり	国内に住所なし			
			一時居住者 （注1）	日本国籍あり		日本国籍 なし
				10年以内に 国内に住所あり	10年以内に 国内に住所なし	
国内に住所あり		■	■	■	■	■
	外国人（注2）	■	□	■	□	□
国内に住所なし	10年以内に 国内に住所あり	■	■	■	■	■
	外国人（注3）	■	□	■	□	□
	10年以内に 国内に住所なし	■	□	■	□	□

　上記表中、■ の区分に該当する受贈者／相続人が贈与／相続により取得した財産については、国内財産および国外財産に関わらず全て課税対象になります。
　□ の区分に該当する受贈者／相続人が贈与／相続により取得した財産については、国内財産のみが課税対象になります。

（注 1 ）「一時居住者」とは、贈与／相続のときにおいて在留資格（出入国管理及び難民認定法別表第一の上欄の在留資格をいいます）を有する人で、その贈与／相続前15年以内に日本国内に住所を有していた期間の合計が10年以下である人をいいます。

（注 2 ）　贈与／相続のときにおいて上記在留資格を有する人で、日本国内に住所を有していた人をいいます。

（注 3 ）　贈与／相続のときにおいて日本国内に住所を有していなかった贈与者／被相続人であって、その贈与／相続前10年以内のいずれかのときにおいて日本国内に住所を有していたことがある人のうちいずれのときにおいても日本国籍を有していなかった人をいいます。

出所：国税庁ホームページの資料を基に作成

外国税額控除

Q58 海外財産を相続（または贈与）により取得した場合、日本と海外の両方で税金がかかる（二重課税となる）ことになりますか。

二重課税となった場合でも、「外国税額控除」の制度により、海外で納めた税金（の一定額）を日本の相続税（または贈与税）から控除することが可能です。

解　説

　相続または贈与により財産を取得した人が、海外財産について所在国から課税された場合、日本の相続税または贈与税から、その外国税を控除することが認められています。これは日本と外国の両方で納税義務がある場合の二重課税を調整するためです（相続税法第20条の2および第21条の8）。

　なお、米国は日本と異なり、被相続人の財産そのものに課税する「遺産税方式」を採用していますが、そのような場合においても、米国で課せられた税額は、外国税額控除の対象とすることが可能です。

　外国税額控除の限度額は次のいずれか少ない金額になります。

①財産の所在地国で課せられた税額
②相続税額または贈与税額×

　（分母のうち国外財産の価額／相続税または贈与税の課税価格計算の

基礎に算入された財産の価額）

　なお、外国税額控除の適用時期は、「外国税を納付することになる日の属する年分」です。もし、外国税額の納付が、日本の税務申告より後に行われる場合は、実務上は、期限内申告を行った後に更正の請求手続きを行い、外

国税額控除の適用を受けるのが一般的です。いずれにしても、外国税額控除を行う場合は、その実務に精通した専門家に対応を依頼する必要があるでしょう。

Q59

米国の遺産税申告と相続手続き
米国では遺産税申告をすれば、すぐに遺産の名義変更ができますか。

A 遺産税申告書を提出すると、基本的には米国税務当局（IRS）による申告書の確認が行われます。特に問題がなければ、終了通知書（Closing Letter、プロベイトがある場合）または移転証明書（Transfer Certificate、プロベイトがない場合）が出されます。一般的に、この終了通知書などが出されて初めて、遺産の名義変更や分配などの手続きが可能となります。

解　説

　日本では、遺産の名義変更に際し、相続税の申告の有無はチェックされません。

　一方、米国では、遺産の名義変更には、原則として、遺産税申告の確認が終了した旨の米国税務当局（IRS）からの終了通知書（Closing Letter、プロベイトがある場合）または移転証明書（Transfer Certificate、プロベイトがない場合）が必要です。

　すなわち、遺産税申告書がIRSに提出されると、IRSは申告書の内容が正しいか否かを確認します。亡くなった人が日本居住の日本人など非居住外国人の場合、IRSの確認作業に１年近くかかることがありますが、コロナ禍の影響で確認作業にはさらに時間がかかるようになってきています（「コラム２」（P.67）を参照）。非居住外国人の遺産税申告書の確認作業を行うIRSの担当者の数は、かなり少ないようです。

　IRSは申告書の確認作業が終了し問題ないと判断すると、終了通知書（Closing Letter）または移転証明書（Transfer Certificate）を発行します。これらの書類が出されて初めて、遺産の名義変更や分配などの手続きが可能

となります。裁判所から任命された人格代表者（遺産管理人または遺言執行者）は、遺産を分配した後に税金を支払う必要が出てきた場合、人格代表者の責任で税金を支払わなければなりません。そこで、人格代表者は終了通知書などを受領して、これ以上税金の支払いがないことを確認してから、遺産の分配を行うことになるのです。

　ただし、納税や経費の支払いに十分な遺産を遺せる範囲内であれば、人格代表者（プロベイトの場合）や受託者（生前信託の場合）は、終了通知書などが発行される前に、遺産の一部を分配することもあります。

第 8 章

海外居住者・外国籍者からの
相続に係る質問

1. 海外居住者の日本人が直面する諸問題

Q60 海外居住者の本人確認書類
私は仕事で海外に居住しており、日本の相続手続きに必要な印鑑証明書や住民票を取得できません。この場合、どのようにすればよいですか。

A 日本国籍を有していれば、海外にある日本大使館・領事館で在留証明や署名証明を発行してもらう方法があります。これらの書類の入手が難しい場合、宣誓供述書に公証（Notary）を受ける方法もあります。

解 説

　日本国内の相続手続きでは、通常印鑑証明書や住民票が求められますが、海外に居住していると、それらを取得することはなかなかできません。これらに代わるものとして、海外居住者が日本国籍を保有している場合^(注1)は、①在外公館（日本大使館・領事館）で「在留証明」・「署名証明」（サイン証明）を発行してもらう方法と、②現地または日本の公証人などに「宣誓供述書」に公証（Notary）してもらう方法の2つがあります（ただし、在外公館によっては、印鑑登録と印鑑証明の発行を受け付けるところもあるようです）。

（1）在留証明

　住民票に代わるものとして、各国の日本大使館や領事館で発行される書類です。①日本国籍を有していること、②現地にすでに3カ月以上滞在し、現在居住していること、または今後3カ月以上の滞在が見込まれること、③原則として、日本に住民登録がないこと、などが発行の条件となります。本人による申請が原則です。1通につき1,200円相当の現地通貨の支払いとなります（令和3（2021）年7月現在）。

（2）署名証明（サイン証明）

　印鑑証明に代わるものとして、申請者の署名が確かに領事の面前でなされたことを証明する書類です。①日本国籍を有していること、②申請者本人が在外公館に出向いて署名する必要があること、が発行の条件となります。1通について、1,700円相当の現地通貨の支払いとなります（令和3（2021）年7月現在）。

　証明の方法は次の2種類です。形式1（貼付型）は、申請者が領事の面前で署名した私文書に、在外公館が発行する証明書を綴り合わせて割印を行うものです。したがって、書類ごとに「署名証明」を発行してもらう必要があります。一方、形式2（単独型）は、申請者の署名を単独で証明するものです。印鑑証明書と同じように何度でも使用することが可能です。したがって、何度も在外公館に足を運ぶことを避けるためには、「単独型」のほうが便利と思われますが、どちらの形式のほうがよいか、あらかじめ提出先に確認することをお勧めします。

　在外公館での証明書の詳細については、外務省のホームページをご参照ください。

　http://www.mofa.go.jp/mofaj/toko/page22_000554.html#2-1

（3）宣誓供述書

　日本国籍を有していない人の場合^{（注2）}、あるいは、遠地に居住していて在外公館まで出向くのが困難などの場合は、「在留証明」「署名証明」ではなく「宣誓供述書」を作成することになります。

　「宣誓供述書」は、例えば、次のような内容を含む書類（私文書）です。

　「私は××年×月×日生の 〇〇 〇〇 で、△△ △△ △△ に住んでいます。私はYY年Y月Y日に死亡した ●● ●●（ZZ年Z月Z日生）の長男であること、以下は私の真実の正しい署名であることをここに誓います」

　この書類を、現地あるいは日本の公証人に公証してもらうことになります。いわば、戸籍と住民票および印鑑証明の要素を兼ね備えた書類といえる

でしょう。

　ただし、特に日本の不動産登記で使用する場合、法務局によっては宣誓供述書による手続きがスムーズに進まない場合もある、と聞いています。事前に司法書士等の専門家を通して、宣誓供述書の使用の可否や文面について確認されることをお勧めします。

　注1　日本の国籍法によると、以下の場合には日本国籍を失うことになるため注意が必要です。

　　①自分の意思で外国国籍を取得した場合（例えば、外国に帰化した場合等）

　　②日本と外国の国籍を有する者が、外国の法令に従ってその外国の国籍を選択した場合

　　③外国で生まれた子であり、出生によって日本国籍と同時に外国国籍も取得した子で、出生届とともに日本国籍を留保する旨を届け出なかった場合

　　①・②は自動的に喪失、③は出生のときにさかのぼって喪失。

　　また、国籍留保の届出により、重国籍となったときが20歳未満であるときは、22歳になるまでにどちらかの国籍を選択しなければなりません（重国籍となったときが20歳以上であるときは、そのときから2年以内に選択要)(※)。

（※）　成人年齢の引下げ等を内容とする民法改正に伴い、令和4（2022）年4月1日からは、重国籍となったときが18歳未満であるときは20歳になるまで、18歳以上であるときはそのときから2年以内とされます。

　注2　日本国籍を喪失した場合、その事実を戸籍に反映させるために、国籍喪失届を在外公館または日本の市町村の役所に提出する必要があります。

（「在留証明」の見本）

形式 1

在 留 証 明 願

令和　　年　　月　　日

在サンフランシスコ日本国総領事　殿

申請者氏名 証明書を 使う人		生 年 月 日	明・大 昭・平・令		年　　月　　日
代 理 人 氏 名 （※1）		申請者との関係 （※1）			
申請者の 本 籍 地 （※2）	都・道 府・県		（市区郡以下を記入してください。※2）		
提 出 理 由		提 出 先			

私（申請者）が現在、下記の住所に在住していることを証明してください。

現 住 所	日 本 語　　**アメリカ合衆国**
	外 国 語　　　　　　　　　　　　　　　　　　　　　　　, U.S.A.
上記の場所に住所（又は居所）を 定めた年月日（※2）	（ 令和 ・ 平成 ・ 昭和 ）　　年　　　月

（※1）本人申請の場合は記入不要です。
（※2）申請理由が恩給、年金受給手続きのとき、及び提出先が同欄の記載を必要としないときは記入を省略することが
　　　 できます。

在 留 証 明

証第 BJ　 －　　　号
上記申請者の在留の事実を証明します。

　　令和　　年　　月　　日
　　　　　　　　　　　　　　在サンフランシスコ日本国総領事館
　　　　　　　　　　　　　　　　総 領 事 ████

（ 手 数 料： 米貨 11 ドル　　　）

署 名（お よ び 拇 印）証 明 申 請 書

令和　　　年　　　月　　　日

在サンフランシスコ日本国総領事　殿

　以下の目的のため私の署名（及び拇印）証明を申請します。

●必要な証明形式（「形式1」または「形式2」）にチェックを入れてください。

□ 「形式 1」（貼付型）	□ 「形式 2」（単独型）
署名をする必要のある書類に、申請人が署名したことを証明する形式です。お手持ちの書類に、大使館（総領事館）の証明が貼付されます。	市区町村役場で発行される印鑑証明のように申請人の署名および拇印であることを、一枚の証明書として発行します。
必要通数　　　　通	必要通数　　　　通
合　計　　　　通	

申請人氏名	（※読みやすい字体で原則として戸籍上の氏名を記入してください。）
アルファベット	

生年月日	明・大 昭・平・令	年　　月　　日	日本旅券番号	

現住所	外国語：

私は、日本の住民登録を、〔 抹消しています。 〕〔 抹消していません。 〕

住民登録市区町村役場名：　〔都・道／府・県〕　　　（郡）〔市・区／町・村〕　　抹消していない場合

使用目的	（遺産分割協議書への署名、不動産登記、車の名義変更、銀行手続き等）
提出先	（○○法務局、○○運輸支局、○○銀行、司法書士、行政書士等）
日本の住民登録（印鑑登録）を抹消していない方の場合、提出先関係機関が、日本国大使館（総領事館）の証明を要求していますか？	有 ｜ 無
連絡先	（自宅・勤務先・携帯）
E-mail	

（「署名証明書」の見本）

形式2:単独

証　明　書

　　以下身分事項等記載欄の者は、本職の面前で以下の署名欄に
署名（及び拇印を押捺）したことを証明します。

身　分　事　項　等　記　載　欄
氏　名　：
生年月日：（明・大・昭・平）　　　年　　　月　　　日
日本旅券番号　：
備　考：

※氏名の漢字等綴りは申請人の申告に基づく場合があります。

署名：　　　　　　　　　　　　　　　　（拇印）

証第　　　　　　号
　　　　年　　　月　　　日
　　在　　　　　　　日本国総領事館
　　　　　総領事

（手数料：　　　　　）

日本への帰国に当たっての問題点

米国永住権（グリーンカード）を持っていますが、夫に先立たれて独り身になったので、医療費や食事などを考慮して日本への帰国を検討しています。財産の日本への移転も含めて、何か気をつけることはありますか。

永住権を放棄する人で、一定の条件に当てはまる人は、米国で特別な税金が課される可能性があり、注意する必要があります。

解 説

2008年6月に施行された米国内国歳入法877A（IRC877A）により、長期にわたって保持した永住権を放棄する人や米国籍を離脱する人で一定の条件に当てはまる人には、特別な税金が課せられることになりました[注]。この法律は専門家でも正しく理解していない人が多いため、必ず精通した専門家に確認しましょう。

上記の説明で「一定の条件に当てはまる人」とは、特定の例外を除き、米国市民権を放棄する米国市民または過去15年のうち8年以上にわたって保持した永住権を放棄する永住者のうち、次のいずれかに該当する人を指します。

①放棄前・離脱前の5年間の連邦個人所得税の平均所得税額が法定額を超えている（2021年172,000米ドル）。
②放棄日・離脱日時点の全世界の純資産額が2,000,000米ドルを超えている。
③放棄前・離脱前の5年間の連邦個人所得税の申告納税義務を果たしたことについて宣誓証明することができない。

これらの該当者に課される特別な税金とは、次の3つを指します。

（1）みなし譲渡益の時価評価課税

　出国日の前日に特定資産を除くすべての全世界財産を売却したならば得られるみなし譲渡益が、基礎控除額（2021年744,000米ドル）を超過した場合、その超過した金額に、その年の所得税率を掛け合わせて計算された税額を、放棄・離脱した年の所得税申告に合わせて所得税申告の期日（通常、翌年の4月）に申告し、納付します。

（2）課税繰延資産の源泉課税

　課税繰延資産のうち、一定の条件を満たす年金や401（k）プランなどは、分配金が支払われるたびに分配金の30％相当額が源泉徴収されることになります。一方、個人退職年金口座（IRA）などのその他の課税繰延資産は、放棄日・離脱日の前日時点で、それまで積み立てられた年金額全額が分配されたとみなされ、その年のみなし所得として所得税の課税対象とされます。なお、信託については特別なルールが適用されるとのことですので、専門家に確認したほうがよいでしょう。

（3）贈与や相続における受益者課税

　さらに、放棄者・離脱者から「米国人」（US Person、主に米国市民や米国居住者）に対して贈与や遺贈・相続があった場合、受取人に特別な税金が課されます（贈与・遺贈・相続による財産の移転があった時点で米国贈与税・遺産税の最高税率での一律課税となります）。受贈者は前述の年間非課税額（2021年は15,000米ドル）まで非課税にできますが、15,000米ドルを超えると申告および納税の義務があります。これは日本の贈与税や相続税と同じく、受贈者に課される税金という面では、これまで米国贈与税・遺産税になかった新しい概念です。ただし、この課税についてはまだルールが発表されておらず、申告書のフォームも発行されていないので、実際には申告も納税も行われていないようです。

　注　2008年6月17日以降は、従来のIRC877に代わってIRC877Aが適用されることとなりました。

Q62 相続人が外国籍者の場合の日本での相続

外国人と結婚して海外に長く住み、外国籍を取得しました。日本にいる母が亡くなり、遺言書はありませんでしたが、私にも相続権はあるのですか。

A 亡くなった人が日本人であれば、相続人の範囲については日本の法律（民法）に基づき判断され、子であれば相続権があります。

解 説

　母親が日本人であれば、相続の準拠法は日本法（法の適用に関する通則法第36条）であり、相続人の範囲は日本の民法に基づいて判断され、子であれば相続権があります。

　子である証明として、母の日本の戸籍（子として記載されているもの）または出生証明書（**Q63**を参照）が必要です。

　これらの書類で不足する（同一人であるかの確認に不安が残る）場合または入手できない場合は、次の内容の「宣誓供述書」を作成することを求められる可能性が高いでしょう。

　「私は××年×月×日生の ○○ ○○ で、△△ △△ △△ に住んでいます。私はYY年Y月Y日に死亡した ●● ●●（ZZ年Z月Z日生）の長女であること、以下は私の真実の正しい署名であることをここに誓います」

　なお、宣誓供述書の署名には公証（Notary）が必要になるでしょう。公証について詳しくは**Q19**をご参照ください。

Q63
戸籍のない国での相続人の確認
日本では戸籍で相続人の確認が可能ですが、戸籍のない国ではどのようにして相続人の確認を行うのですか。

出生証明書（Birth Certificate）・結婚証明書（Marriage Certificate）・宣誓供述書（Affidavit）などを使用します。

解 説

　戸籍制度を持つ国は、日本・台湾などの少数の国に限られているようです。戸籍がある国は世界の中ではむしろ珍しいといえるでしょう。それでは、戸籍のない国、例えば米国ではどのように相続人の確定作業を行うのでしょうか。

　米国では通常、プロベイトを開始するときには親族から入手した家族関係についての情報に基づいて、配偶者や子の有無をプロベイト申請書類に記載して裁判所に提出します。「ほかに子がいたはずだ」と疑う理由でもない限り、特に家族関係を証明する公的な書類は必要とされません。遺産は人格代表者がいったん受け取る上、その後プロベイト手続きにおいて遺産を分配する際には、人格代表者がその家族関係や続柄につき満足すれば足りるからです。

　続柄の証明が必要なのは、むしろ、米国で出生・結婚などをした日本人やその代襲相続人が日本での相続手続きに関して要求される場合だと思われます。その際は、続柄の証明に以下のような出生証明書（Birth Certificate）、結婚証明書（Marriage Certificate）、宣誓供述書（Affidavit）などを使用します。

　すなわち、米国では、例えば出生したとき「出生証明書」（Birth Certificate）、婚姻したとき「結婚証明書」（Marriage Certificate）、離婚したとき「離婚証明書」（Divorce Certificate）、そして死亡したとき「死亡証

明書」（Death Certificate）を、それぞれ郡（County）の役所に提出することになります。これらはヴァイタル・レコード（Vital Record）と呼ばれます。ただし、このヴァイタル・レコードは日本の戸籍のように家族の情報を網羅的・連続的に記載した書類とはなっていません。

　また、引越しをする人も多いので、出生はA州X郡、結婚はB州Y郡、離婚はC州Z郡ということがよくあります。州レベルのデータベースもありますが、州レベルで検索できる情報には記録の種類や年によって限りがあるので、出生、結婚などが何州の何郡であったかが分からないと調べることも困難になる場合もあります。

　このように米国では、戸籍により親族関係を調査することはできません。そこで、①ヴァイタル・レコードおよびその不足部分を補うものとしての宣誓供述書（Affidavit）、あるいは②一個人のルーツの調査を業とする「Professional Genealogist（あえて訳すと「家系調査士」）」による調査、最後の手段として③DNA鑑定、の方法が利用されています。

　宣誓供述書（Affidavit）とは、「私は××年×月×日生の ○○ ○○ で、△△ △△ △△ に住んでいます。私はYY年Y月Y日に死亡した ●● ●●（ZZ年Z月Z日生）の長男であること、以下は私の真実の正しい署名であることをここに誓います」といったような内容が記載された書類です。宣誓者は公証人の面前で宣誓の上署名を行うことになります。

　ただし、公証人は、本人が自分の面前で宣誓して文書に署名したことを証明するだけで、文章の中身そのものまで責任を負うことはありません。日本人から見れば、このような書類にどれだけの信憑性があるのかと疑ってしまいますが、米国では宣誓した内容に虚偽があった場合には重い罰則が科されることから、それなりに重みがあるようです（公証については**Q19**を参照）。

Q64 米国居住の相続人が米国外の財産を相続等で取得したときの報告義務

米国に住んでいる日本人です。最近父（日本居住の日本人）からの相続で、父名義の日本の預金口座を解約し、私の米国の預金口座に送金しました。日本の相続税は支払いましたが、米国の税務上、何か気をつけることはありますか。
また、日本の口座で受け取る場合にも何か気をつけることはありますか。

 亡くなったお父様が日本居住の日本人の場合、日本の財産は米国連邦遺産税の課税対象とはなりません。しかしながら、米国に居住する相続人等が米国非居住外国人である被相続人から、100,000米ドルを超える財産を相続や贈与で受け取る場合、Form 3520を使って米国の税務当局（IRS）に報告する義務があります。また、米国居住者等が日本（米国外）に保有している口座で一定の金額を超えると、FBARやForm 8938で報告する義務が生じます。これらの報告を怠ると、多額のペナルティを課せられるおそれがありますので、米国の税の専門家に相談されたほうがよいでしょう。

解　説

Q54で説明したように、亡くなった方が米国の非居住外国人の場合、米国の連邦遺産税は、米国内の財産のみが課税対象となりますので、日本の財産には課税されません。

一方で、米国外の財産を、米国市民や米国居住外国人等が相続または贈与

で受け取る場合、米国の税務当局等に所定の書式（Form）で報告する義務が課せられています。

また、米国市民や米国居住者等が米国外で保有する金融口座についても一定額を超えると、所定の書式（Form）で報告する義務が課されます。それぞれのFormについてご説明します。

❶Form 3520について

米国市民や米国居住外国人等が合計100,000米ドルを超える米国外の財産を相続または贈与により米国非居住外国人の個人等から取得した場合、取得した財産の内容を、原則毎年4月15日までにForm 3520によって米国税務当局（IRS）に報告することが義務付けられています。

財産を米国の口座で受け取る場合だけでなく、日本の銀行口座で受け取る場合も報告が必要です。また、受領した財産が金融資産でなく不動産等の場合も報告の対象となると考えられます（日本の銀行口座で受け取る場合は、❷FBARおよび❸Form 8938 の対象にもなると思われますので、そちらもご参照ください）。

なお、この報告を怠ると、10,000米ドルまたは受け取った財産の5％のいずれか多い額のペナルティが課されます。そして、IRSの通知があってからも開示しない場合、30日ごとに5％の追加のペナルティ（最大で25％）が課されることになりますので、注意が必要です[注1]。

いずれにしても、米国の税法に関わる事項ですので、米国の税務の専門家に相談されることをお勧めします。

❷FBARについて

FBARは、米国外にある金融資産を把握することを目的に提出が義務付けられた制度です。

米国市民や米国居住者等が米国以外の国に保有する銀行・証券口座等の合計金額が暦年中に10,000米ドルを超える場合、その口座情報を、米国財務省

の一部門であるFinCEN（Financial Crimes Enforcement Network）にFinCEN Form 114を使って電子申告で報告することが義務付けられています。提出期限は4月15日です。

　提出を怠った場合、その理由が過失の場合は1年ごと1口座につき13,481米ドル（2020年2月20日以降）、故意の場合は1年ごと1口座につき134,806米ドル（2020年2月20日以降）か口座残高の50％のいずれか多い額になります。悪質な場合には刑事罰の対象となります[注1]。

❸Form 8938について

　Form 8938は、FATCA（Foreign Account Tax Compliance Act；外国口座税務コンプライアンス法）に基づいて2011年度より米国税務当局（IRS）への提出が義務付けられたFormです。

　米国市民や米国居住者等が米国以外の国に一定の金額（年度末に50,000米ドルまたは年度中に一度でも75,000米ドル〈ただし夫婦合算申告の場合はそれぞれ倍の金額〉を超える金融資産）を持つ場合[注2]、国外金融資産の全ての情報をForm 8938に記載し、毎年4月15日までに所得税申告書に添付してIRSに提出することが義務付けられています（確定申告の一部として実施）。

　報告内容は上記のFBARと似ていますが、両者は提出先が異なるため、一方の提出によってもう一方の提出が免除されるわけではありません。

　提出を怠った場合、毎年1万米ドルのペナルティが課せられます。また、開示請求があったにも関わらず開示を怠った場合、30日ごとに10,000米ドル、最高で50,000米ドルのペナルティが課されます[注1]。

　FBARおよびForm 8938も米国の税法に関わる事項ですので、米国の税務の専門家に相談されることをお勧めします。

注1　ペナルティの金額は上限額であり、裁判によって減額されることもあるようです。

注2　米国居住の米国市民等の場合の金額。米国非居住の米国市民等の場合は

上記金額と異なる金額が適用されます。すなわち、年度末に200,000米ドルまたは年度中に一度でも300,000米ドル（ただし夫婦合算申告の場合はそれぞれ倍の金額）を超える金融資産を持つ場合に提出が義務付けられます。

Q65 米国籍者が亡くなったときの米国の相続手続き
米国人の夫が亡くなりました。私は米国に居住しており、米国永住権（グリーンカード）も持っていますが、米国人の夫の相続人として、米国の相続・税務手続きについて何か気をつけることはありますか。

A 米国にある財産の相続・税務手続きは、通常の米国人の手続きと同様、米国の州法に則った相続手続きと、米国の連邦遺産税・州遺産税の申告・納税が必要となります。

解 説

　相続および税務の手続きは、財産の所在地や、被相続人・相続人の居住地・国籍などによって対応が異なってきます。この事例は、被相続人である夫が米国在住の米国人、相続人である妻が米国在住の日本人（ただし永住権を保有）であり、財産は米国にあるというものです。

　夫が米国の法律に則って生前信託や遺言書を準備されていたのであれば、その内容に沿って財産の分配が行われます。相談者は米国永住権（グリーンカード）を持っており、相続権や手続きの上で、外国籍であることはそれほど問題にならないと思われます。

　一方、税務面は米国籍（米国市民）の配偶者とは異なる税法が適用されます。すなわち、米国籍（米国市民）の配偶者に対する財産の移転に対しては、遺産税はかかりませんが（Marital Deduction）、外国籍の配偶者に対しては、このルールは適用されませんので、夫の控除額（2021年は1,170万米ドル、約12.7億円）を超える遺産には遺産税が課されます（州の遺産税が課される場合は控除額が低いことが多いので注意）。しかし、もし夫がQDOT（Qualified

Domestic Trust) を設定していたのであれば、外国籍の妻に対する遺産税はいったん繰り延べられることになります。

　しかしながら、この課税の繰延べの恩典を受けるためには、財産が米国内に固定されることが条件となることに注意する必要があります（QDOTについては、**Q50**を参照）。

Q66

米国籍者が亡くなったときの日米の相続手続き

米国人の夫が亡くなりました。夫は日本に居住し、日本に不動産や預金を持っていました。また、米国にも親から相続した預金があるようです。相続手続きはどうなりますか。なお、私は日本国籍を有し、日本に居住していて、子供はいません。

日米それぞれの国において、財産の相続手続きと相続税・遺産税の申告手続きが必要となります。

解　説

　この事例は、被相続人である夫が日本居住の米国人、相続人である妻が日本居住の日本人で、日米双方の財産について相続手続きを行うというものです。

　このケースでは、日本と米国のそれぞれにおいて、財産の相続手続きと、相続税・遺産税の申告手続きが必要となります。

　まず日本の相続手続きですが、夫が「すべての財産を妻に相続させる」内容の遺言書を作成していれば、妻の現時点の戸籍や夫の住民票の除票などで相続手続きを進めることが可能となる場合があるでしょう。しかしながら、遺言書がない場合は、妻が夫の米国にいる兄弟に連絡を取って、遺産分割協議を行うことを求められる場合があるほか、米国に戸籍制度がないため、相続人の確定作業に手間取り、相続手続きがスムーズに進められないおそれがあります（**Q43**および**Q63**を参照）。

　また、日本の相続税の申告・納付も必要となります。夫は米国籍ですが、日本居住者であり、また相続人である妻が日本居住の日本人なので、米国にある財産を含めたすべての財産について、申告期限（相続開始後10カ月以内）

までに相続税を申告・納付する必要があります。

　一方、米国の財産については米国内での相続手続き（プロベイトが必要か否かで手順は大きく変わってきます）が必要になります。また、米国籍者（米国市民）であるため、財産額によっては、日本の財産を含めたすべての財産について、申告期限（相続開始後9カ月以内）までに米国で遺産税の申告・納付が必要となる場合もあるかもしれません。

　なお、税務申告に当たって、同じ財産に日米でそれぞれ相続税（米国では遺産税）が課される場合は、外国税額控除の適用により、二重課税を回避・軽減する措置も用意されています。

【参考文献】

1. Nolo The Executor's Guide（9 th Edition）
   Mary Randolph, J.D.

2. Nolo 8 Ways to Avoid Probate〔13th Edition〕
   Mary Randolph, J.D.

3. Nolo Plan Your Estate〔15th Edition〕
   Denis Clifford

4. 国際相続とエステート・プランニング　税務経理協会
   中田朋子、水谷猛雄　他著

5. 国際相続の税務・手続Q&A（第3版）　中央経済社
   税理士法人 山田＆パートナーズ編

6. 国際資産税ガイド（三訂版）　大蔵財務協会
   PwC税理士法人編

7. 国際相続の法務と税務（第2版）　税務研究会出版局
   弁護士　酒井ひとみ、BDO税理士法人　共著

8. 海外資産投資と国際税務　日経BP
   永峰潤、三島浩光著

9. 国際相続・贈与がざっくりわかる！　ファストブック
   辻・本郷税理士法人著

10. 渉外不動産登記の法律と実務1、2　日本加除出版
    山北英仁著

参 考 資 料 1

米国の主な州の比較表

米国の主な州の比較表

項目	内容	カリフォルニア州	ハワイ州	ニューヨーク州	テキサス州	ワシントン州
プロベイト	(プロベイトを経ない)宣誓供述書による少額の有無(遺言供述書が少額の場合)	○	○	×	○	○
	要件	動産の相続手続 $166,250以下 ※1-1 ／ 不動産の相続手続 $55,425以下 ※1-2	動産の相続手続 $100,000以下(※2)および財産の承継者である者等	—	$75,000以下 ※4	動産の相続手続 $100,000以下(※6)および被相続人が死亡時ワシントン州に居住していた場合等
	簡易なプロベイト手続きの有無(遺言供述が少額の場合)	○	○	○	○	○
	要件	$166,250以下(※1-1)および申立人が不動産の承継者である者等	$100,000以下 ※2	$50,000以下 ※3	※5	※7
共有名義	Tenancy by the Entirety(夫婦合有)	×	○	○※8	×	×
	Community Property(夫婦共有財産)	○	×	×	○	○
受取人指定	POD Accounts(銀行口座)	○	○	○	○	○
	TOD Registration(証券口座)	○	○	○	○	○
	TOD Deed(不動産)	○※9	○	×	○	○
税制	州の遺産税(State Estate Tax)	×	○※10	○※10	×	○※10

※1-1. プロベイト不要の財産(ジョイント・テナンシー、ジョイント・アカウント、PODアカウント、信託財産等)を除く(カリフォルニア州に所在する不動産および動産の額。金額は消費者物価指数により3年ごとに改定。

※1-2. カリフォルニア州に所在する不動産の評価額が$55,425以下の場合。

※2. ハワイ州に所有する動産の額。

※3. 家族に確保される金額等を除く動産

※4. 無遺言の場合。家族や控除財産(Exempt Property)を除く財産

※5. ①財産、控除財産および家族手当(Family Allowance)を除いた遺産額が確定債権者への支払額を超えない場合、人格代表者の申立の場合裁判所が行う。または、②遺産管理人(Independent Administration)が指定された場合(遺産額は問わない)。②遺言者もしくは受遺者全員の同意により、独立の遺産管理人(Independent Administration)が指定された場合

※6. 生存配偶者の夫婦共有財産(Community Property)の権利等を除くプロベイトの対象財産。ただし、不動産を保有している場合にはプロベイトになるため、生存配偶者の夫婦共有財産(Community Property)を除く手続きによることはできない。ワシントン州では遺産額に上限はない。

※7. 裁判所が承認したもの。ワシントン州法に細かい条件が定められている。

※8. 不動産のみ

※9. 対象となる不動産を居住用不動産等に制限。2022年1月1日に失効する予定(ただし、延長される可能性あり)。

※10. 各州ごとに課税対象となる金額の細かい条件あり

出所:NOLO The Executor's Guide 9th Edition、NOLO 8 Ways to Avoid Probate 13th Edition および各州法の条文

参 考 資 料 2

QDOT（Qualified Domestic Trust）
図式と解説

QDOT（Qualified Domestic Trust）とは

概　要：一定の条件の下で外国籍の（米国市民でない）配偶者に対し「配偶者控除」（Marital Deduction）の適用を認めることにより、遺産税の繰延べを図る米国の信託

ニーズ：一次相続での米国遺産税の支払いを回避したい（遺産税の支払いを外国籍の配偶者の死亡時等まで繰り延べたい）

留意点：遺された配偶者が日本居住者の場合、財産が米国に固定される（日本に移して自由に使うことができない）等のリスクがある

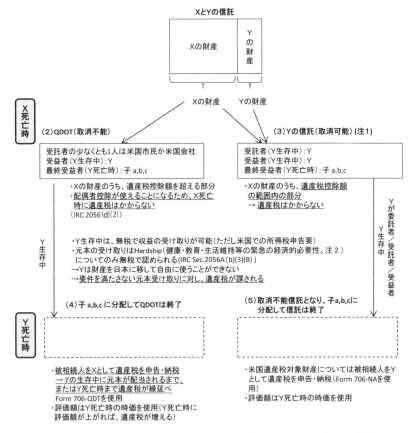

（1）ハワイ州に居住する夫婦
（米国市民の夫Xと日本国籍の妻Y）

XとYの信託

Xの財産　　Yの財産

X死亡時

（2）QDOT（取消不能）
受託者の少なくとも1人は米国市民か米国会社
受益者（Y生存中）：Y
最終受益者（Y死亡時）：子 a,b,c

・Xの財産のうち、遺産税控除額を超える部分
・<u>配偶者控除が使えることになるため、X死亡時に遺産税はかからない</u>
（IRC 2056(d)(2)）

・Y生存中は、無税で収益の受け取りが可能（ただし米国での所得税申告要）
・元本の受け取りはHardship（健康・教育・生活維持等の緊急の経済的必要性。注2）についてのみ無税で認められる（IRC Sec.2056A(b)(3)(B)）
→ Yは財産を日本に移して自由に使うことができない
→ 要件を満たさない元本受け取りに対し、遺産税が課される

（3）Yの信託（取消可能）(注1)
受託者（Y生存中）：Y
受益者（Y生存中）：Y
最終受益者（Y死亡時）：子 a,b,c

・Xの財産のうち、遺産税控除額の範囲内の部分
→ <u>遺産税はかからない</u>

Y生存中

Y生存中

Yが委託者／受託者／受益者

Y死亡時

（4）子 a,b,c に分配してQDOTは終了

・<u>被相続人をXとして遺産税を申告・納税</u>
→ Yの生存中に元本が配当されるまで、またはY死亡時まで遺産税が繰延べ
Form 706-QDTを使用
・評価額はY死亡時の時価を使用（Y死亡時に評価額が上がれば、遺産税が増える）

（5）取消不能信託となり、子a,b,cに分配して信託は終了

・米国遺産税対象財産については被相続人をYとして遺産税を申告・納税（Form 706-NAを使用）
・評価額はY死亡時の時価を使用

（注1）ただし、通常、Yの信託は取消不能の ABトラスト（バイパストラストともいう）として設定されることが多い。その場合、Xの遺産税控除額でカバーされているため、Y死亡時に、遺産税は課されない。

（注2）Hardship（生活の困難）（IRC Sec.2056A(b)(3)(B)）が証明できれば遺産税がかからない。ただし、Hardshipの有無を判断する受託者（信託会社）はなかなか認めようとせず、最後は裁判所のOrder（許可証）を要求することが多い。

QDOTについて〈解説〉

(1) 米国市民の夫Xと日本国籍の妻Yはハワイ州に居住し、そこに不動産や金融資産等を所有。米国人弁護士の勧めで、夫Xの死後にQDOTが設定される内容の生前信託を作成、夫婦の財産をその信託の中に入れていた。妻Yは、医療や食事のことを考慮し、夫Xの死後は日本に帰国することを希望していた。

(2) 夫Xが亡くなり、生前信託の条項に従い取消不能のQDOTが設定され、夫Xの財産のうち遺産税の控除額を超える部分が、QDOTの中に入れられた。妻Yは米国人でない（外国籍の）配偶者であるため、本来なら無制限の配偶者控除（Marital Deduction）を使うことができず、遺産税の控除額（被相続人が米国市民・居住者の場合：2021年は1,170万米ドル、約12.7億円）を超える部分について遺産税がかかることになる。しかしながら、財産をQDOTに入れることによって、外国籍の配偶者に対しても、無制限の配偶者控除が使えるようになる（IRC Sec.2056(d)(2)）。ただし、この税制の恩典を受けるためには、以下のような条件を満たさなければならず、日本に帰国した妻Yにとってかなり重い負担を強いられることになった。

① QDOTからの元本受け取りには原則として遺産税が課される（遺産税を支払わずに元本を受け取れるのは、健康・教育・生活維持等の緊急の費用についての場合に限られる）（Hardship：IRC Sec.2056A(b)(3)(B)）。

すなわち、妻YはQDOT内の財産を日本に移して自由に使うことができず、もし要件を満たさない元本受け取りを行った場合、その時点で遺産税が課されることになる。

② QDOTの収益の受け取りは可能だが、妻Yは場合によっては米国の所得税申告を行う必要が出てくる。

③ QDOTの受託者のうち、少なくとも1人は米国市民か米国会社を指

定しなければならない。したがって、QDOTを維持するために、妻Yはコストを払い続ける必要がある。

(3) 夫Xの財産のうち、遺産税の控除額の範囲内の財産は、妻Y自身の財産とともに、妻Yの取消可能な信託の中に入る。遺産税控除額の範囲内であるため、夫X死亡時点で遺産税は課されない。妻Yは、自身が委託者・受託者・受益者として、自由に信託財産を使用することが可能。

注　ただし、通常、Yの信託は取消不能のABトラスト（バイパストラストともいう）として設定されることが多い。その場合、Xの遺産税控除額でカバーされているため、遺産税は課されない。
この資料は、QDOTの解説を主眼としており、説明を複雑にさせないために、Yの信託をシンプルな取消可能信託とした。

(4) 妻Yが亡くなったとき、QDOT内の財産は、そこに記載されている条項に従い、子供達3人（a，b，c）に分配され、QDOTは終了する。この妻Yの死亡時に初めて、夫Xの遺産に対する遺産税が課されることになる（本来は夫X死亡時に課せられるはずだった遺産税が、妻死亡時まで繰り延べられる）。
遺産税の申告では、Form 706-QDTを使用して、夫Xを被相続人として申告納税する。ただし、遺産の評価額は妻Y死亡時の時価を使用する。

(5) 妻Yの死亡時に、Yの信託内の財産は、その信託の条項に従って子供達3人（a，b，c）に分配され、妻Yの信託は終了する。遺産税は、通常のForm 706-NAを使用し、Y死亡時の時価を評価額として使用する。

参 考 資 料 3

米国の電子遺言書法
（Electronic Wills Act）の登場

1．電子遺言書法（Electronic Wills Act）の登場とその内容

⑴　電子遺言書法の登場

　2019年7月に、米国統一法令委員会（Uniform Law Commission）は、「電子遺言書法」（Electronic Wills Act）を承認した。ただし、これはあくまでも<u>雛型法（Model Law）</u>であり、各州が採用しない限り、有効な法律とはならない。

⑵　電子遺言書法の概要

① 　同法は、<u>電子媒体による文書作成（記録）・署名・証明（公証）を認めるもの。</u>

② 　ただし、文章作成（記録）・署名・証明（公証）の方法は、伝統的な以下の要件を踏襲している。すなわち、

　　・遺言者が<u>文章として書くこと</u>（Writing）。遺言者が署名した時点で文章（Text）として読むことが可能な記録（Record）であること。

　　・遺言者が<u>署名しなければならない</u>（Signature）（DocuSignやAdobe Signのような、電子的な署名が可能なアプリケーションがあるようである）

　　・原則、遺言者の（物理的にまたは電子的に）面前で、<u>少なくとも2名の証人が署名しなければならない。</u>

　　・<u>遺言者による署名と確認（Acknowledgement）および証人の宣誓供述（Affidavit）は、公証人の（物理的にまたは電子的に）面前で、同時に（Simultaneously）行われなければならない</u>（Attestation）。

③ 　<u>録画や録音による遺言書作成・保管は認められない。</u>

　　理由：「遺言者が署名した時点で<u>文章として読める記録（readable as text）ではない</u>」ため。

⑶　電子遺言書法を承認した州

Trusts & Estate誌の記事「電子遺言書の登場」(2020年2月号)（文末の参考文献等に記載）によると、米国統一法令委員会が電子遺言書法を承認する前に同法を承認していた州は、ネバダ州（2017年）、インディアナ州とアリゾナ州（2018年）、そしてフロリダ州（2019年）の4州のみ、とのことだった。

その後、同法を承認した州は、ユタ州、コロラド州、ノースダコタ州、バージニア州、アイダホ州、ワシントン州と増えてきている。これは、電子遺言書の場合、自宅に居ながら証人や公証人に直接会わずに作成できるという点が、特にコロナ禍の中で注目されることになったからだろう。

ただし、電子遺言書は、証人等が遺言者に直接会うことがないため、遺言者の本人確認や意思能力の確認の困難さ、すなわち「遺言者が本人の遺言書（my own will）として、健全な精神・記憶力・理解力（sound mind, memory and understanding）の状態で、不当威圧（undue influence）を受けることなく遺言書に署名したか否かを確認することが難しい」との懸念があることも事実である。

⑷　例：フロリダ州の対応

フロリダ州は2019年6月に電子遺言書の作成・保管を合法化する法改正を行った。

その内容は、上記⑵の「電子遺言書法の概要」のほかに、以下の条項が含まれている。

① オンラインによる公証手続き

州に登録した公証人が、録音・録画による会議（Audio-Video Conference）で、以下の対応を行い、記録に残すことが求められている。すなわち、「遺言者と証人が公証人の面前に現れ、それぞれが本人確認書類を提示し、署名すべき遺言書の内容が述べられ、遺言者が『自らの意思で署名したこと』を宣言する、といった各人の発言や行動が、編集されること

なく全て記録されること」が必要となる。

② 電子遺言書の保管

"Qualified Custodian"（適格な保管機関）が、遺言書の電子記録（Electronic Records）を保管しなければならない。また同保管機関は、上記公証手続きの録音・録画記録（Audio-Video Recording）も併せて保管しなければならない。

ただし、Qualified Custodianは、データ保存のインフラ整備にコストがかかる業務であるため、同業務に参入する弁護士事務所は少ないようである。

２．ビデオ等による公証手続きの一時的容認の動き（コロナ・ウイルスの感染拡大への緊急措置として）

コロナ・ウイルス感染拡大で多くの人々が自宅待機を余儀なくされる中、ACTEC（米国信託遺産弁護士団体）のWeb情報によると、緊急措置として全米のほとんどの州が「ビデオ等による公証手続き」を一時的に容認するに至っている。まだ紙ベースの遺言書の要件を踏襲しており、遺言書の電子媒体による記録までは認めていないが、新しい動きとして注目すべき動向であるといえよう。

ただし、多くの州は「ビデオ等による公証」を認めているが、「ビデオ等による証人」までは認めていないようである。これは、1.(3)で述べたように、証人が直接面談しない方法では、「遺言者の意思確認」に懸念が残るためだと思われる。

ビデオ等による緊急措置の代表的な例として、ニューヨーク州の対応について触れたい。

(1) ニューヨーク州の対応

クオモ州知事の執行命令（Executive Order）により、

・ビデオ等の電子媒体による公証（執行命令No.202.7　2020年３月19日施行）

・ビデオ等の電子媒体による証人署名（執行命令No.202.14　2020年4月7日施行）

が一時的に容認された。

① ビデオ等の電子媒体による公証（2020年3月19日より施行）
　・公証人が依頼者を個人的に知らない場合、依頼者は有効な本人確認書類（写真付）を、ビデオ会議（video conference）が行われている間に、公証人に提示しなければならない。
　・ビデオ会議は、依頼者と公証人がビデオを通じて直接面談（direct interaction）する形を取らなければならない（依頼者が署名している様子をあらかじめ録画したビデオは不可）。
　・依頼者は、自身がニューヨーク州に物理的に所在していることを肯定的に表明しなければならない。
　・依頼者は、自身が署名した書類の判読可能な写しを、署名した同日に、ファックスや電子媒体を通じて、公証人に送付しなければならない。
　・公証人は、送付された書類の写しに公証し、その書類を依頼者に返送することができる。
　・公証人は、署名済み書類の原本を、電子的に公証された書類の写しとともに、署名の日から30日以内に受け取ることを条件に、署名の日と同日付で、署名済み書類の原本に再び公証を行うことができる。

② ビデオ等の電子媒体による証人署名（2020年4月7日より施行）
　公証人を証人に置き換えれば、基本的に上記①と同じ内容である。
　（ただし、公証人は書類全体の受領が必要だが、証人は署名ページのみの受領で可）
　・証人が依頼者を個人的に知らない場合、依頼者は有効な本人確認書類（写真付）を、ビデオ会議（video conference）が行われている間に、証人に提示しなければならない。

・ビデオ会議は、依頼者と証人および監督する弁護士が居ればその弁護士が、ビデオを通じて直接面談（direct interaction）する形を取らなければならない（依頼者が署名している様子をあらかじめ録画したビデオは不可）。

・証人は、依頼者が署名したのと同日に、ファックスや電子媒体の方法でもよいので、署名済みの該当ページの判読可能な写しを受け取らなければならない。

・証人は、送付された該当ページの写しに署名し、その書類を依頼者に返送することができる。

・証人は、署名済みのページの原本を、証人が電子的に署名したページの写しとともに、署名の日から30日以内に受け取ることを条件に、署名の日と同日付で、署名済みのページの原本に再び証人の署名を行うことができる。

⑵　他州の対応（ビデオ等による公証の一時的容認に関するもの）

　ACTEC（米国信託遺産弁護士団体）は、各州の対応を一覧表にまとめている。その中から業務と関わりの深い州の状況を抽出し、各州の法令を確認しながら作成したのが添付の表である。

（各州の対応の詳細は、ACTECのWeb参照）

https://www.actec.org/resources/emergency-remote-notarization-and-witnessing-orders/

３．米国における電子遺言普及に向けた課題

　１．⑶で述べたように、電子遺言を承認した州は、コロナ禍の中、増えてきているが、遺言者の本人確認や意思能力の確認の問題が残ることは事実である。すなわち、電子遺言では、証人等が遺言者に直接会うことがないため、遺言者が本人の遺言書（my own will）として、健全な精神・記憶力・理解力（sound mind, memory and understanding）の状態で、不当威圧（undue influence）を受けることなく遺言書に署名したか否かを確認することが難しい、との懸念が常に残ることである。

　したがって、電子媒体による証人等を可能とするためには、医師等の第三者の立ち会いを条件とする等の対応が必要になるものと思われる。

（参考文献等）

　本レポートは、以下の情報源を利用した。

⑴　雑誌記事「電子遺言書の登場（Electronic Wills Have Arrived）」
　　米国の「Trusts & Estate誌 2020年 2 月号」の中の記事
　　Suzanne Brown Walsh および Turney P. Berry 著

⑵　ACTEC（The American College of Trust and Estate Counsel：米国信託遺産弁護士団体）のサイト

⑶　ULC（Uniform Law Commission：米国統一法令委員会）のサイト

⑷　その他インターネットから取得した情報（各州の法令/対応等）

⑸　「国際相続とエステート・プランニング」中田朋子・水谷猛雄 他著 税務経理協会（各州・各国の遺言書の方式について）

コロナ・ウイルス感染拡大に対する各州の緊急対応（遺言の公証に関するもの）

州	証人の要否	公証の要否	ビデオ等による証人・公証の可否	ビデオ等を容認した法的根拠等
カリフォルニア	2名以上の証人要	・遺言者の署名および証人（2名以上）の署名についての規定はあるが、公証についての規定はないので、公証は不要。(Cal.Prob.Code§6110) ・自己証明の宣誓供述書（注）の使用を認めている。(Cal.Prob.Code§8220)	遺言書の公証は不要。ただし、公証が必要な場合は、ビデオ等による公証を認めている他州で公証された書類は、CA州でも有効とする。	Statement of Secretary of State(2020年3月24日発表)「他州での公証を有効とする旨のCalifornia Civil Code 1189 (b)を、ビデオ公証にも適用する」との内容
ハワイ	2名以上の証人要	・遺言者の署名および証人（2名以上）の署名についての規定はあるが、公証についての規定はないので、公証は不要。(Haw Rev.Stat.§560: 2 -502) ・ただし、ハワイ州の公証人の面前で遺言者が証書の確認をし、また証人が所定の法定の文言を含む宣誓供述を行えば、自己証明（注）することができる。(Haw.Rev.Stat.§560: 2 -504)	遺言書の公証は不要。ただし、公証が必要な場合、ビデオ等による公証は可とする。一方、ビデオ等による証人は不可。	Governor Executive Order 20-02（2020年3月29日施行）
ニューヨーク	2名以上の証人要	・遺言者の署名および証人（2名以上）の署名についての規定はあるが、公証についての規定はないので、公証は不要。(N.Y. Estates, Powers & Trusts Law § 3 -2.1.) ・自己証明の宣誓供述書（注）の使用を認めている。(SCP§1406)	遺言書の公証は不要。ただし、必要な場合、ビデオ等による公証・証人は可とする。	Executive Order No.202.7 （2020年3月19日施行）その後定期的に延長されている
ワシントン（シアトル等）	2名以上の証人要	・遺言者の署名および証人（2名以上）の署名についての規定はあるが、公証についての規定はないので、公証は不要。(Washington Rev. Code§11.12.020.) ・自己証明の宣誓供述書（注）の使用を認めている。(Washington Rev. Code§11.20.020.)	遺言書の公証は不要。ただし、公証が必要な場合、ビデオ等による公証は可とする。一方、ビデオ等による証人は不可。	Governor Proclamation No.20-27「2020年10月1日に施行予定だった電子公証法を3月27日より前倒しで実施する」との内容

（注）　「自己証明の宣誓供述書」（Self-Proving Affidavit）とは、適正な遺言書作成のための全要件（※）が満たされていることを証明するもので、これがあれば、速やかに遺言をプロベイトに付することが認められる。

　　　　ほとんど全ての州がこの「自己証明の宣誓供述書」を認めている。

（※）　遺言者は自分自身の遺言書として、健全な精神状態で、自由意志で署名したことを宣言する。

　　　　証人は、遺言者本人が健全な精神で、不当威圧を受けることなく署名したことを宣誓供述する。

海外相続ガイドブック

プランニングおよび相続実務におけるQ&A66　三訂版

令和3年10月26日　初版発行

著　者　三　輪　壮　一
　　　　住　田　哲　也
監　修　鈴　木　あかね
　　　　中　田　朋　子
発行者　加　藤　一　浩
発行所　株式会社きんざい
〒160－8520　東京都新宿区南元町19
電話　03-3358-0016（編集）
　　　03-3358-2891（販売）
URL　https://www.kinzai.jp/

記述内容の変更等を行う場合は下記ウェブサイトに掲載します。
https://www.kinzai.jp/seigo/

印刷　三松堂印刷株式会社　ISBN978-4-322-13990-7